Ethik der Appropriation

Fröhliche Wissenschaft 207

Jens Balzer

Ethik der Appropriation

Matthes & Seitz Berlin

Inhalt

1. Wunsch, Indianer zu werden

Ein Fragment von Franz Kafka aus dem Jahr 1912: »Wenn man doch ein Indianer wäre, gleich bereit, und auf dem rennenden Pferde, schief in der Luft, immer wieder kurz erzitterte über dem zitternden Boden, bis man die Sporen ließ, denn es gab keine Sporen, bis man die Zügel wegwarf, denn es gab keine Zügel, und kaum das Land vor sich als glatt gemähte Heide sah, schon ohne Pferdehals und Pferdekopf.«[1]

Eine Kindheitserinnerung aus den Siebzigerjahren des letzten Jahrhunderts: Ganze Tage, Nächte, ganze Ferienwochen versinkt der kleine Junge – kaum, dass er lesen gelernt hat – in den grünen Bänden mit den »Reiseerzählungen« Karl Mays. Er lässt sich durch den Orient und das wilde Kurdistan leiten und durch den noch wilderen Westen der USA. Er träumt sich in weite Prärien, bewaldete Gipfel und tiefe Schluchten hinfort, fern der dicht besiedelten Kleinstadtlandschaften, in denen er seine sonst traumlose Kindheit verbringt. Seine Lieblingshelden sind Old Shatterhand, der tapfere Westmann, ein gebürtiger Deutscher, der in den märchenhaften, aber gesetzlosen Gegenden der Neuen Welt für Gerechtigkeit sorgt, und sein Blutsbruder Winnetou, der edle Häuptling der Apachen. Winnetou ist stark und tapfer, aber auch weise und sanft. Er hat wundervolle lange, blauschwarze Haare und lebt im Einklang mit der Natur. Im Kinderzimmer des Jungen hängt ein riesiges Poster von ihm an der Wand: ein »Starschnitt« aus dem Jugendmagazin *Bravo.* Dieser zeigt den französischen Schauspieler Pierre Brice, der in den deutschen *Winnetou*-Filmen die Titelrolle verkörpert. Im Sommer reist der kleine Junge mit seinem Vater zu den Karl-May-Spielen im schleswig-holsteinischen Bad Segeberg, wo die Wildwest-Romane Karl Mays auf einer Freilichtbühne aufgeführt werden. Professionelle Schauspieler verkleiden sich als Indianer und Cowboys, aber auch viele Laiendarsteller aus dem Dorf sind dabei. Erwachsene und Kinder malen sich rote Farbe in das Gesicht und ziehen sich Fransenanzüge aus Wildleder an, sie schmücken ihre Köpfe mit Federkränzen und tanzen wilde Tänze zur Beschwörung von Manitu. Die Karl-May-Spiele sind eine elementare Form des Theaters, wobei die Grenze zwischen der Bühne und dem Publikum durchlässig ist. Wenn die Schauspieler etwas rufen, rufen die Zuschauer zurück, manchmal schießen sie im Publikumsrund auch mit ihren mitgebrachten Platzpatronengewehren. Am Ende dürfen die Kinder nach vorne rennen und die Pferde, auf denen die Indianer und Cowboys eben noch geritten sind, mit Mohrrüben füttern. Die Karl-May-Spiele sind das Bayreuth des kleinen Mannes, eine klassenlose Form der Schauspielkunst, ästhetische Utopie.

Ein Ereignis aus dem Jahr 2021: Auf dem Parteitag der Berliner Grünen wird die Spitzenkandidatin für die Senatswahlen, Bettina Jarasch, nach ihren biografischen Prägungen gefragt. Sie soll etwas Persönliches sagen und als Mensch sichtbar werden. »Was wolltest du werden, bevor du Regierende Bürgermeisterin werden wolltest?«, ist eine Frage. Sie antwortet: »Als Kind wäre ich gern Indianerhäuptling geworden.« Darauf erhebt sich Unmut unter den Delegierten. »Indianer«, das sei eine diskriminierende, koloniale Fremdbezeichnung, heißt es in den parallel zur Bühnenveranstaltung laufenden Chatgruppen. Bettina Jarasch solle sich umgehend für den Gebrauch dieses Wortes entschuldigen. Und es dauert keine zwei Stunden, bis sie es tut. »Ich verurteile meine unreflektierte Wortwahl und meine unreflektierten Kindheitserinnerungen, die andere verletzen können«, sagt sie: »Ich habe einen Ausdruck benutzt, den Menschen als diskriminierend empfinden können, und zwar sehr konkret. Deshalb haben wir die Worte nicht uneingeordnet im Livestream stehen lassen, sondern transparent darauf hingewiesen, dass wir den Ausdruck nachträglich gelöscht haben.« In der Youtube-Aufzeichnung ihrer Befragung ist der Satz »Als Kind wäre ich gern Indianerhäuptling geworden« nicht mehr zu hören, stattdessen kann man eine Texttafel lesen: »An dieser Stelle wurde im Gespräch ein Begriff benutzt, der herabwürdigend gegenüber Angehörigen indigener Bevölkerungsgruppen ist. Wir haben diesen Teil daher entfernt. Auch wir lernen ständig dazu und wollen weiter daran arbeiten, unser eigenes Handeln und Sprechen weiter auf diskriminierende Denkmuster zu hinterfragen.«

So sitzen jene, die einst von Indianern träumten, heute schief in der Luft auf ihren rennenden Pferden. Erst kommen ihnen die Sporen abhanden und die Zügel, dann der Pferdehals und der Pferdekopf, und schließlich schlagen sie unsanft in der Wirklichkeit auf einem Boden auf, der nichts mehr hat von der märchenhaften Wildnis der endlosen Weiten des Westens, sondern sich bloß noch wie glatt gemähte Heide anfühlt.

Wie können sich unschuldige Kindheitserinnerungen in den Skandal einer herabwürdigenden Diskriminierung verwandeln? Das ist die Frage, die nach dem Vorfall auf dem Grünen-Parteitag diskutiert wird. Doch eigentlich wird diese Frage gerade nicht diskutiert. Es wird überhaupt nicht diskutiert, weil sich das Meinungsfeld sogleich in erwartbarer Weise in zwei unversöhnliche Lager zerteilt. Auf der einen Seite stehen diejenigen, die den Umgang mit der Äußerung von Bettina Jarasch hysterisch, dogmatisch und demokratiefeindlich finden. Man fragt sich, wie es sein kann, dass ein derart harmloser Satz derart diktatorisch zensiert und die Urheberin dann auch noch dazu gezwungen wird, vor dem versammelten Plenum Selbstkritik zu üben. Erinnert das nicht an die stalinistischen Schauprozesse? Zeigt sich damit nicht wieder, dass die Grünen eben nichts anderes als eine Verbotspartei sind? Was ist das für ein Land, in dem man nicht einmal mehr sagen darf, dass man als Kind gerne Indianerhäuptling geworden wäre?

Auf der anderen Seite stehen diejenigen, die Verständnis für den Unmut besitzen, weil sie die Faszination weißer Menschen mit dem »Indianertum« in einem größeren historischen Rahmen betrachten, der über Kindheits- und Märchenfantasien hinausweist in die jahrhundertealte Geschichte des Kolonialismus hinein. Wenn weiße Menschen sich als Indianer verkleiden, wenn sie Federschmuck aufsetzen und sich in Fransenanzüge kleiden und dann auch noch das Gesicht rot schminken, dann kleiden sie sich als Angehörige einer politisch, wirtschaftlich und militärisch dominanten Kultur in das Kostüm einer Kultur, die von weißen Kolonialisten auf grausame Weise unterworfen und nahezu ausgerottet worden ist. Da hilft es auch nichts, wenn man behauptet, dass man die Indianer beim Indianerspielen ja gar nicht diskriminieren und demütigen will, sondern sie – um die Terminologie des späten Karl May zu bemühen – als »Edelmenschen« schätzt und verehrt. Wer sich das Gesicht rot anmalt, um als »Rothaut« zu wirken, vollzieht damit einen diskriminierenden Akt. Denn die rote Hautfarbe der Indianer gibt es nur in den kolonialen Fantasien ihrer Unterdrücker und Mörder, wie es auch »den Indianer« als solchen nur als koloniale Fantasie gibt. In Wahrheit bilden die Menschen, die das Land vor der Ankunft der späteren Kolonialherren besiedelten, eine unüberschaubare Vielzahl von Kulturen. Sie werden erst aus der Warte der Unterdrücker zu einer ethnischen oder auch rassischen Identität verschmolzen: »Indianer«, das ist ein Sklavenname.

Wenn man es so betrachtet, dann handelt es sich bei den vermeintlich so unschuldigen Indianerspielen, die bei Kindern den Wunsch wecken, Indianerhäuptling zu werden, um einen exemplarischen Fall von kultureller Aneignung, von »cultural appropriation«. Die einschlägige Definition dieses Begriffs hat die Juristin Susan Scafidi in ihrem Buch *Who Owns Culture? Appropriation and Authenticity in American Law* aus dem Jahr 2005 formuliert: »Cultural Appropriation, das ist: wenn man sich bei dem intellektuellen Eigentum, dem traditionellen Wissen, den kulturellen Ausdrücken oder Artefakten von jemand anderem bedient, um damit den eigenen Geschmack zu bedienen, die eigene Individualität auszudrücken oder schlichtweg: um daraus Profit zu schlagen.«[2]

Wer kulturelle Appropriation betreibt, der eignet sich nach diesem Verständnis etwas an, das ihm nicht gehört. In der Aneignung ist also immer auch eine Enteignung inbegriffen, ein Diebstahl, eine illegitime Tat. Wer sich als deutsches Kind in den 1970er-Jahren als Indianer verkleidete – nach den märchenhaften Bildern, die von Karl May vorgezeichnet wurden –, der fügte damit den realen Vorbildern dieser Märchenfiguren ein Unrecht zu, weil er sich bei ihren »kulturellen Ausdrücken« bediente, um »die eigene Individualität auszudrücken«. Wer so etwas tat, kann entsprechend der Definition Scafidis auch dann nicht auf mildernde Umstände hoffen, wenn er damals erst sieben Jahre alt war. Oder jedenfalls muss man – wie es die Delegierten des Parteitags der Grünen im Frühjahr 2021 verlangten – als Erwachsener von heute »reflektieren«, wie die eigenen Kindheitsträume schuldhaft in die Geschichte des weißen Kolonialismus verstrickt gewesen sind.

Ist die Härte dieser Kritik angesichts des Gegenstands der Verhandlung nicht eventuell doch etwas übertrieben? Diese Frage ließe sich stellen.

Die Definition von Susan Scafidi zeigt noch ein weiteres Problem. »Cultural Appropriation, das ist: wenn man sich« – in illegitimer Weise – »bei [...] den kulturellen Ausdrücken oder Artefakten von jemand anderem bedient«. Das heißt, nach der Auffassung der Juristin Scafidi existiert so etwas wie ein Eigentumsrecht an kulturellen Ausdrücken, das manche Menschen zu deren Eigentümern erhebt und andere wiederum, die sich karnevalesk, kostümierend, zitierend, parodierend, in der Form einer Hommage oder in welcher Weise auch immer aneignend bei diesen kulturellen Ausdrücken »bedienen«, schlichtweg zu Dieben erklärt. Diese Definition ist einerseits äußerst rigide. Sie tut so, als könne man scharfe Grenzen zwischen Kulturen ziehen, sodass man zu einer Kultur entweder voll und ganz gehört oder ihr, im anderen Fall, als »jemand anderer« vollständig fremd entgegentritt. Andererseits bleibt Scafidi die Kriterien schuldig, nach denen sich diese Zugehörigkeit bestimmen lässt. Wer kann von sich selber schon sagen, dass er voll und ganz zu einer bestimmten Kultur gehört, und dass er oder sie damit auch eindeutig bestimmen kann, wer »zu uns« gehört und wer nicht? Führt uns das nicht auf den Pfad einer kulturellen Identitätslogik, die zuletzt vor allem von den Vertretern eines restaurativen bis reaktionären »Ethnopluralismus« propagiert wurde?

In dem eingangs geschilderten Fall scheint sich dieses Problem leicht in nichts aufzulösen. Es ist völlig einsichtig, dass Deutsche keine Indianer sind und dass weiße Europäer wenig mit den kulturellen Traditionen zu tun haben, die von den in Nordamerika zuerst ansässigen Menschen in den Jahrhunderten vor ihrer Kolonialisierung ausgeprägt wurden. Hier lässt sich also eine scharfe Trennlinie zwischen zwei Kulturen ziehen – sofern man die Indianer, mit denen sich die Winnetou-begeisterten Kinder identifizieren, überhaupt als Repräsentanten einer realen Kultur betrachtet und nicht als Mythen- und Märchenfiguren, die keine Entsprechung in der Realität besitzen. Sind die Karl-May-Indianer nicht primär eine Fantasieschöpfung, an der ihre Erschaffer ebenso viel (oder ebenso wenig) Eigentumsrechte besitzen wie die indigenen Bewohner Nordamerikas, die sich ja nicht umsonst in den Apachen und Komantschen aus den Winnetou-Romanen *nicht* wiedererkennen? Damit hätten wir die Frage nach der Legitimität von Appropriationen auf eine andere Ebene bewegt, aber mitnichten beantwortet. Denn gerade Fantasiebilder können in ihrer Erschaffung und Fixierung von Stereotypen einen rassistischen oder sonst wie diskriminierenden Charakter besitzen; und auch unter scheinbar unschuldigen Appropriationen wie der deutschen Begeisterung für »Cowboys und

Indianer« können sich zutiefst reaktionäre und geschichtsrevisionistische Motivationen verbergen – warum das so ist, werde ich im vierten Kapitel dieses Essays erläutern.

Nun handelt es sich bei der Kostümierung von deutschen Grundschulkindern als Winnetou und andere (Märchen-)Indianer aber nur um einen von vielen Fällen der kulturellen Appropriation, die in den letzten Jahren debattiert worden sind. Man könnte fast sagen, es vergeht kaum eine Woche, in der nicht wieder jemand beschuldigt wird, sich in ungerechtfertigter Weise bei dem »kulturellen Eigentum« von »jemand anderem« bedient zu haben. Weiße Menschen werden der illegitimen Appropriation bezichtigt, wenn sie Dreadlocks tragen, also Frisuren, die mit einer karibisch-jamaikanischen Kulturtradition assoziiert werden – einerlei, ob sie damit ihre Verehrung für jamaikanische Emanzipationsidole wie Bob Marley zum Ausdruck zu bringen versuchen oder auch nicht. Weiße Menschen werden beschämt, wenn sie – wie die Sängerin Katy Perry 2013 bei den American Music Awards – in einem Kimono auftreten, also in einem traditionellen japanischen Kleidungsstück. Schwarze Menschen werden beschämt, wenn sie – wie der afroamerikanische Rapper Kendrick Lamar, der sich anlässlich seines 2017 erschienenen Albums *DAMN* als »Kung Fu Kenny« präsentierte – in die

Maske von chinesischen Kampfsportlern schlüpfen. Asiatische Künstlerinnen wiederum werden beschämt, wenn sie – wie die K-Pop-Gruppe Blackpink – ihre Haare zu Braids stylen, also zu Flechtfrisuren aus einer afrikanischen und afroamerikanischen Tradition.

In jedem einzelnen dieser Fälle lassen sich Gründe dafür finden, warum eine bestimmte Art der kulturellen Aneignung als unangemessen erscheint; in manchen lässt sich der – in den sozialen Netzwerken leicht hochgeschaukelten – Empörung mit Gründen widersprechen; in vielen Fällen bekommt man zudem den Eindruck, dass die Erregung künstlich angestachelt wurde, um den Eindruck zu vermitteln, dass »die Linken« heute die wahren Gegner der Meinungsfreiheit sind, weil sie unablässig jemandem etwas verbieten wollen, was doch eigentlich ein Menschenrecht ist: etwa sich die Haare so zu frisieren, wie es einer oder einem gerade passt. In der stetig sich verlängernden Reihung solcher Fälle entsteht gleichwohl vor allem ein Eindruck: Die Debatte um »cultural appropriation« kreist gegenwärtig nur um Kritik und Untersagungen und wird vor allem, wenn nicht ausschließlich, im Modus der Verbotsrede geführt. So unmittelbar einsichtig in jedem einzelnen Fall die Einsprüche gegen die Aneignung der kulturellen Traditionen von jemand anderem auch sein mögen, so sehr widersprechen diese Verbotswünsche in ihrer Summe doch dem ebenso unmittelbar einsichtigen Eindruck, dass es so etwas wie in sich geschlossene, mit sich selber identische kulturelle Traditionen gar nicht gibt, weil jede Art der Kultur schon immer aus der Aneignung anderer Kulturen entstanden ist; weil sich kulturelle Schöpfung, Beweglichkeit und Entwicklung ohne Appropriation gar nicht denken lassen. Kultur ist Aneignung, was umso mehr gilt in einer Welt, die geprägt ist von der Globalisierung der Kommunikation und der kulturellen Produktion. Seit die elektronischen Massenmedien und schließlich das Internet jedes irgendwo auf der Welt existierende Bild, jeden Sound, jede Art der Selbstinszenierung verfügbar gemacht haben, kann man sich jederzeit von jedem beliebigen »kulturellen Artefakt« (Susan Scafidi) aus welcher Tradition auch immer inspirieren, anregen, herausfordern lassen. Und dass das so ist, bedeutet zunächst einen Zuwachs an Möglichkeiten, an individueller, künstlerischer und existenzieller Freiheit.

Appropriation ist eine schöpferische, kulturstiftende Kraft. Aber zugleich ist sie in Gewalt- und Ausbeutungsverhältnisse verstrickt. Man könnte sagen, dass dies für jede Art der Kultur gilt. Doch treten diese Verhältnisse in bestimmten Formen der Appropriation besonders deutlich zutage: Es sind jene, die der Gewaltgeschichte des Kolonialismus entspringen. Der postkoloniale Theoretiker Paul Gilroy hat in seinem Buch *The Black Atlantic* beschrieben, wie die Kulturen ehemaliger Sklaven und kolonialisierter Völker von den Kolonialherren angeeignet und ausgebeutet worden sind und es bis heute werden – dies ist gewissermaßen die Blaupause für eine sich als prinzipiell verstehende Kritik des Appropriierens an sich. Andererseits taugt die Kultur des Schwarzen Atlantik, wie man aus Gilroys Ausführungen lernen kann, kaum für eine juridisch begründete Kritik des Appropriierens, wie sie sich bei Susan Scafidi findet. Denn wenn man Kultur als Eigentum ansehen möchte, muss man sie ja als in sich geschlossenen Ausdruck eines homogenen Kollektivsubjekts begreifen. Für die Kulturen des Schwarzen Atlantik gilt das gerade nicht: Sie sind gekennzeichnet durch Hybridität; die erzwungene kulturelle Entwurzelung schlägt hier in den Reichtum einer im unaufhörlichen Werden begriffenen diasporischen Kultur um. Sie bildet also gerade das Gegenteil jenes Verständnisses von Kultur, das Gilroy als »völkisch« bezeichnet.[3] Das ist ein provozierender Begriff – bei Gilroy im Original deutsch –, doch wäre zu fragen, ob nicht jede Betrachtung des Appropriierens, die in dieser nur etwas Negatives, zu Kritisierendes, zu Verbietendes sieht, zwangsläufig auf den Holzweg einer Identitätslogik führt, die letztlich in das Völkische mündet. Wer auf diesen Holzweg nicht gehen will, muss die Kritik der falschen Appropriation aus einer Bestimmung der richtigen Appropriation heraus entwickeln, oder anders gesagt: Man kann das dialektische Wesen der Appropriation – ihre schöpferische, kulturstiftende Kraft *und* ihre Verstrickung in Macht- und Ausbeutungsverhältnisse – nur dann zur Gänze erfassen, wenn man sie einer *ethischen* Betrachtung unterzieht. Wie diese aussehen könnte, dazu möchte ich im Folgenden einige Vorschläge unterbreiten.

2. Appropriation und Counter-Appropriation

Debatten über »cultural appropriation« wurden zuletzt vor allem im Modus der Verbotsrede geführt; das verbindet sie mit den verwandten, sich mit ihnen überschneidenden Debatten über »cancel culture«. Auf der einen Seite stehen diejenigen, die für eine größere Sensibilität im Umgang mit der Kultur marginalisierter Gruppen eintreten und diese in der Kritik falscher Aneignungen vortragen – ohne dabei jedoch zu erklären, wie sie sich richtige Arten der Appropriation vorstellen oder ob sie die Ansicht vertreten, dass Appropriationen generell zu unterlassen sind und wenn ja, wie eine Kultur ohne Appropriationen aussehen könnte. Auf der anderen Seite findet man jene, die Debatten über Aneignung lediglich als Beschäftigungsprogramm für die verbotsselige »Sprach- und Gedankenpolizei« der »Social-Justice-Bewegung« betrachten, wie zuletzt etwa Helen Pluckrose und James Lindsay in ihrem Buch *Zynische Theorien*.[4] Aus ihrer Perspektive ist das Problem der Appropriation bloß ein Scheinproblem, und wenn man etwa »Madonna [...] für die Aneignung indigener und hispanischer Kultur kritisiert und Gwen Stefani für die Aneignung japanischer und indigener Ästhetik«, dann können Pluckrose und Lindsay darin bloß die pathologische Erscheinung einer dekadenten Gesellschaft erkennen. »Natürlich gibt es tatsächlich negative Stereotype, die kritisiert und mit Gewinn analysiert werden können«,[5] schreiben sie, ohne freilich zu sagen, welche das sind. Im Grunde möchten sie das Problem mit der Appropriation einfach dadurch beheben, dass sie alles erlauben, oder anders gesagt: indem sie alle Verbote verbieten. Wenn sich ohnehin alle Kulturen aus der Aneignung anderer Kulturen ergeben, wenn Appropriation ein unhintergehbares Prinzip der kulturellen Vitalität und Entwicklung darstellt, ist dann nicht die Aufregung um den kindlichen Wunsch, Indianerhäuptling zu werden, heillos übertrieben? Sollte man nicht zunächst auch den Impuls respektieren, aus der eigenen, vorgegebenen Identität auszubrechen – als einen wie auch immer infantilen Willen zur Autonomie und zur Absetzung von der Welt, die einen umgibt? Was ist so schlimm daran, wenn man sich als weißer Mensch das Gesicht mit roter Farbe bemalt?

Das kann man fragen; freilich muss man sich dann auch eine andere, scheinbar weniger unschuldige Frage stellen. Sie lautet: Wenn es in Wirklichkeit gar nicht so schlimm ist, sich als weißer Mensch das Gesicht mit roter Farbe zu bemalen, ist es dann in Wirklichkeit auch gar nicht so schlimm, wenn man sich als weißer Mensch das Gesicht mit schwarzer Farbe bemalt? Bei der Antwort auf die erste Frage kann man eventuell zögern, abwägen und diskutieren (zumal wenn man sentimentale Erinnerungen an die Cowboy-und-Indianer-Spiele der eigenen Kindheit hegt). Bei der zweiten Frage hingegen scheint die Antwort sofort klar: Natürlich darf man sich als weißer Mensch auf keinen Fall das Gesicht mit schwarzer Farbe bemalen. Das »blackfacing« ist eine rassistische Praxis, die Menschen mit schwarzer Hautfarbe verhöhnt und erniedrigt. Zumindest ein großer Teil der aufgeklärten Mehrheitsgesellschaft wird dies bestätigen, ohne zu zögern.

Jedenfalls sehen wir das heute so. Bis sich diese Einsicht durchgesetzt hat, gehörte das »blackfacing« über Jahrhunderte hinweg aber zu den selbstverständlichen und unhinterfragten Bestandteilen der Popkultur. Der erste singende Kinoheld ist ein Weißer mit schwarz geschminktem Gesicht. Der Film, mit dem sich im Jahr 1927 die damals neue Technik des Tonfilms in den USA durchsetzt, trägt den Titel *The Jazzsinger*. Er handelt von einem armen, weißen, jüdischen Sänger – gespielt von Al Jolson –, dessen Vater ihn zum Kantor ausbilden will, damit er in seine

Fußstapfen tritt. Der »Jazzsinger« wehrt sich dagegen. Er hat den gleichen Wunsch wie die westdeutschen Kinder der 1960er- und 1970er-Jahre, die sich als Indianer verkleiden, bloß in einer entschiedeneren und existenzielleren Art: Er will zu jemand anderem werden, indem er aus der ihm eigenen kulturellen Tradition ausbricht und sich eine andere kulturelle Tradition aneignet. Um sich aus dem ihm vorgegebenen Lebenslauf und seiner Kultur zu lösen, verwirft er die Musik seines Vaters und eignet sich den damals gerade erblühenden Jazzgesang an. Freiheit heißt für ihn, so zu musizieren wie ein Schwarzer. Er schlüpft in das Kostüm einer Kultur, die er als authentischer, körperlicher, naturnäher, wilder empfindet als die eigene. Freiheit heißt: Schwarzwerden. Darum maskiert er sich schließlich ganz – und färbt sich das Gesicht schwarz.

Im Film wird diese Aneignung als Akt der Befreiung gezeigt, der symbolisch für die Befreiung einer ganzen Kultur stehen soll. Freilich wird dieser Akt der Emanzipation mit einem Mittel hergestellt, das tief in den historischen Verhältnissen der Unfreiheit und Sklaverei wurzelt. Das »blackfacing«, das Al Jolson in *The Jazzsinger* betreibt, stammt aus den »minstrel shows« des 19. Jahrhunderts. In diesen treten weiße Sänger mit schwarz geschminkten Gesichtern mit dick rot bemalten Lippen auf und geben den fröhlichen, dankbaren, etwas dummen, aber stets singenden Sklaven – so wie sich die weiße Mehrheitsgesellschaft ihre schwarzen Mitbürger und Untertanen eben am liebsten vorstellte.

Der erste Künstler, der mit dem »blackfacing« erfolgreich wird, ist der New Yorker Sänger und Schauspieler Thomas D. Rice. Er beginnt Ende der 1820er-Jahre, in der Rolle eines singenden Schwarzen namens Jim Crow aufzutreten. Dabei trägt er zerlumpte Kleider und färbt sich das Gesicht mit einer Paste aus Kork, der in reinem Alkohol verbrannt und anschließend mit Wasser vermischt worden ist. Sein Erkennungslied »Jump Jim Crow« hat Thomas D. Rice nach eigener Auskunft einem schwarzen Stallknecht in Kentucky abgelauscht. Die Wurzeln der Musik lassen sich bis in die Sklavengesänge des 18. Jahrhunderts zurückverfolgen. In der Interpretation von Rice wird »Jump Jim Crow« zu einem Hit. Er macht das Lied zum – ständig variierten und erweiterten – Leitmotiv einer Show, die er mit großem Erfolg im Park Theatre in New York und anderswo in den USA spielt. Ende der 1830er-Jahre geht er damit sogar auf Europa-Tournee, in London wird er wie ein Popstar gefeiert. Die »minstrel shows«, die sich nach dem Vorbild von Rice in den folgenden Jahrzehnten über die gesamten USA ausbreiten, werden zur ersten Frühform der massenbegeisternden Popkultur.

Die Erfolgsgeschichte von Thomas D. Rice und den »minstrel shows« zeigt, wie kulturelle Aneignung kommerziell wirken kann: Weiße Musiker und Schauspieler eignen sich die Kultur der schwarzen Sklaven an und werden damit zu erfolgreichen, wohlhabenden Künstlern, während jene, die ihnen die Inspirationen oder auch gleich die Originale für ihr Plagiat liefern, davon nicht nur nichts haben, sondern auch noch parodiert und verhöhnt werden. Der spöttische Name »Jim Crow« wird zu einer herabsetzenden Bezeichnung für schwarze Menschen. Nach der Abschaffung der Sklaverei 1865 werden die Gesetze, mit denen die »racial segregation« legitimiert wird – und damit die andauernde Diskriminierung der Schwarzen in ökonomischer, sozialer und kultureller Hinsicht festschreiben –, als »Jim Crow laws« bekannt.

Seinen ersten prominenten Auftritt im Kino hat das »blackfacing« 1915 in dem monumentalen Film *The Birth of a Nation* von D. W. Griffith. Dabei handelt es sich um ein ähnlich epochales Ereignis wie zwölf Jahre später bei *The Jazzsinger*: In *The Birth of a Nation* entwickelt sich das Kino von der Jahrmarktssensation, als die es in den ersten beiden Jahrzehnten seit seiner Einführung 1895 erschien, zu einer technisch und erzählerisch eigenständigen Kunstform. Freilich ist auch dieser Film zutiefst rassistisch: Es handelt sich um eine Hommage an den Ku-Klux-Klan, in der schwarze Menschen ausschließlich als tumbe Sklaven oder als animalische, bedrohliche Vergewaltiger dargestellt werden – und sie alle werden in diesem Film von Weißen mit schwarz geschminkten Gesichtern gespielt. Das ist in dem Film *The Jazzsinger* anders. Hier ist das Bild von schwarzen Musikern – und schwarzen Menschen im Allgemeinen – durchweg positiv. Gleichwohl setzt sich auch hier jene Verschränkung aus kultureller An- und Enteignung fort, die in den »minstrel shows« ihren Ausgang genommen hat. So wie Thomas D. Rice und seine Nachfolger durch die Appropriation der schwarzen Kultur zu erfolgreichen, wohlhabenden Künstlern aufsteigen, so wird knapp hundert Jahre später auch Al Jolson durch seine Imitation schwarzer Musik zum größten Popstar seiner Zeit. *The Jazzsinger* ist schon deswegen eine Sensation, weil er zum ersten Mal einem großen Publikum die Kombination aus bewegten Bildern und Tönen, vor allem Musik nahebringt. Und weil diese Musik auf den Jazz anspielt, jenen Stil, der seit den 1890er-Jahren in New Orleans entstanden ist und dort von schwarzen Musikern wie King Oliver und Louis Armstrong geprägt wurde. Der Jazz wurzelt tief in afroamerikanischen Traditionen, aber der erste Sänger, der in einem Tonfilm damit zu hören ist und zum Star wird – ist ein Weißer. Al Jolson begann schon in den 1910er-Jahren damit, sich den Jazz anzueignen. Seitdem trat er in Broadway-Musicals und in eigenen Shows als schwarz geschminkter Entertainer mit einem opernhaft übertriebenen Jazzgesang auf.

Dieses Muster ist in den folgenden Jahrzehnten immer wieder zu beobachten. In den 1930er-Jahren setzt Benny Goodman mit seinem Orchestra den Big-Band-Sound durch, etwa mit Titeln wie »Sing, Sing, Sing«. Er nimmt sich alles, was seine Musik ausmacht, von dem, was er in den 1920er-Jahren bei King Oliver und Louis Armstrong gelernt hat, und lässt sich dann von der weißen Mehrheitsgesellschaft zum »King of Jazz« erklären. Zwanzig Jahre später, 1954, spielt Elvis Presley in den Sun Studios in Memphis seine erste Single ein: »That's All Right« stammt im Original von dem schwarzen Bluesgitarristen Arthur Crudup. Mit dem Rock 'n' Roll von Elvis schlägt die Geburtsstunde der modernen Rockmusik, wie wir sie kennen. Doch auch der Rock 'n' Roll wurzelt tief in der schwarzen Musiktradition, im Rhythm 'n' Blues der 1940er-Jahre, der am Anfang übrigens nicht Rhythm 'n' Blues hieß, sondern »Race Music«. Eine ganze Generation von schwarzen Musikern erfindet die Musik, die Gesangstechniken, den Habitus, den Stil, mit deren Aneignung Elvis zum »King of Rock 'n' Roll« aufsteigt: ein weißer Junge, gerade zwanzig geworden, der alles, was ihn so spektakulär machen wird, von seinen schwarzen Vorbildern übernimmt – und dann mit ein paar weißen Country- und Hillbilly-Einflüssen verbindet, um es dem weißen Publikum noch schmackhafter zu machen.

»Unsere Musik, unsere Mode, unsere Frisuren, unsere Tänze, unsere Körper, unsere Seelen – das alles haben sie schon immer wie reife Früchte behandelt, die an einem Obstbaum am Wegesrand hängen und die man also einfach so abpflücken kann. Und sie: das sind dieselben listigen Teufel, die uns schon den Sklavenhandel und die *middle passage* beschert haben«, schreibt der schwarze Autor und Musiker Greg Tate in seinem Vorwort zu der Anthologie *Everything But the Burden* aus dem Jahr 2003. Und weiter: »Was für schwarze Betrachter und Betrachterinnen so schlagend an diesem Phänomen ist: das ist nicht nur die Ironie, dass das weiße Amerika schon immer geradezu nach dem Schwarzsein gegiert hat – also danach, seine Kultur durch schwarze Schöpferkraft zu bereichern, und zwar auch schon in einer Zeit, in der sie noch ernsthaft darüber debattierten, ob schwarze Menschen überhaupt eine Seele besitzen. [...] Wann immer sie sich eine Form der Schwarzen Kultur wieder einverleibt hatten, versuchten sie die Präsenz schwarzer Menschen in ihr zu tilgen. In den Zwanzigern wurde Paul Whiteman zum ›King of Swing‹ gekrönt, in den Dreißigern Benny Goodman zum ›King of Jazz‹, in den Fünfzigern erschien Elvis Presley als ›King of Rock 'n' Roll‹, in den Sechzigern wurde Eric Clapton zum König der Blues-Gitarre gekrönt.«[6] Und als das Buch von Greg Tate erschien, da hatte gerade »der nächste White Negro«[7] die Bühne betreten: Der Rapper Eminem wurde zum erfolgreichsten Hip-Hop-Künstler der USA und überflügelte in Hinsicht auf seine Verkaufszahlen all die schwarzen Pioniere der vorigen beiden Jahrzehnte. »Ist er der neue Elvis?«, so lauteten damals die Schlagzeilen. Wieder profitierten Weiße von schwarzer Musik. Sie nehmen alles außer der Last, alles außer der Bürde, wie es schon im Titel des Buches von Greg Tate heißt. Die Weißen wollen alles von den Schwarzen, ihre Kultur, ihre Mode, ihre Coolness – nur die Last, die dürfen die Schwarzen gerne behalten, die Bürde des Rassismus und der Diskriminierung. In all diesen Fällen geht es vor allem um ökonomische Ausbeutung durch kulturelle Aneignung. Die Angehörigen einer herrschenden, ökonomisch bessergestellten Mehrheitskultur beuten kulturelle Errungenschaften einer rassistisch diskriminierten, ökonomisch schlechtergestellten Minderheitenkultur aus. Sie nehmen damit den ursprünglichen Urhebern die Möglichkeit, selber angemessen von ihrer Kunst in ökonomischer

Hinsicht zu profitieren; so verwandelt sich die Aneignung in eine Enteignung, die Appropriation in eine Expropriation; und im schlimmsten Fall bleiben die Expropriateure dabei trotzdem Rassisten. Eric Clapton verdankt sein Gitarrenspiel, seine Tradition, seine Techniken, seine ganze Musik dem schwarzen Blues. Dennoch hantiert er in den 1970er-Jahren mit üblen rassistischen Vorurteilen, wenn es um seine Ablehnung der britischen Migrationspolitik geht. Elvis Presley verdankt seine ganze Musik dem schwarzen Rock' n' Roll, und dennoch rühmt er sich ebenfalls in den 1970er-Jahren der Freundschaft mit dem US-Präsidenten Richard Nixon, der die Bürgerrechtsbewegung der Black Panther mit allen legalen und illegalen Mitteln zu zerschlagen versuchte.[8]

»Elvis was a hero to most / But he never meant shit to me you see / Straight up racist that sucker was / Simple and plain«, heißt es in dem Stück »Fight the Power« der Hip-Hop-Crew Public Enemy aus den späten 1980er-Jahren. Elvis Presley, der als Erfinder des Rock 'n' Roll gefeiert wird, als erster großer Rock-'n'-Roller – er ist nichts anderes als ein weißer Junge, der den Schwarzen ihre Musik gestohlen und es damit zu Reichtum und Ansehen gebracht hat. »Motherfuck him and John Wayne / 'cause I'm black and I'm proud«, so rappt es der Public-Enemy-Frontmann Chuck

D in dem Stück und weiter: »Most of my heroes don't appear on no stamps / Sample a look back you look and find / nothing but rednecks for 400 years if you check«. Die meisten seiner Helden wurden nie auf Briefmarken verewigt; wenn man zurückblickt, dann besteht die offizielle Geschichte der letzten vierhundert Jahre nur aus »Rednecks«, weißen Männern.

Fear of a Black Planet heißt das dritte Album von Public Enemy; »Fight the Power« wird als erste Singleauskoppelung im Sommer 1989 veröffentlicht. »1989 the number another summer / Sound of the funky drummer«, rappt der Kopf der Crew, Carlton Ridenhour alias Chuck D: ein weiterer Sommer, und auch in diesem wird die Musik vom Sound des »Funky Drummer« getragen. Beim »Funky Drummer« handelt es sich um ein Stück des afroamerikanischen Soulsängers James Brown, das seit den Anfängen der Hip-Hop-Kultur in den 1970er-Jahren zu deren wesentlichen musikalischen Leitmotiven gehört. Genau genommen geht es um ein rhythmisches Leitmotiv, denn es ist ein markanter, leicht zu erkennender Rhythmuswechsel – ein Break –, den James Browns Schlagzeuger Clyde Stubblefield in diesem Stück spielt. Als Fragment isoliert, zu Schleifen geflochten und in endlosen »Loops« aneinandergereiht ist er vielen frühen Hip-Hop-Stücken als rhythmisches Fundament unterlegt.

So also auch an dieser Stelle in »Fight the Power« dem Gesang von Chuck D.

Das ist nicht die einzige Reverenz an die Vergangenheit. Auch eine schier unüberschaubare Vielzahl an Zitaten aus der afroamerikanischen Musikgeschichte ist zu hören, während Chuck D vom Kampf gegen die Macht *(power)* und die Mächtigen *(powers that be)* rappt. Es gibt Anleihen aus Soul-, Funk- und Disco-Stücken der 1960er- und 1970er-Jahre, von Sly & the Family Stone und den Isley Brothers, von Wilson Pickett und Bobby Byrd; man hört einen Ausschnitt aus einer Rede des Predigers und Bürgerrechtlers Jesse Jackson auf dem als »schwarzes Woodstock« titulierten Wattstax-Festival in Los Angeles 1972; aber auch Fragmente aus frühen Hip-Hop-Stücken, etwa aus »Planet Rock« von Afrika Bambaataa & Soulsonic Force oder aus »AJ Scratch« von Kurtis Blow. Außerdem: Kirchenglocken, Straßengeräusche, Reden und Publikumsbekundungen auf Demonstrationen, verzerrte Gitarren; schließlich ein Selbstzitat aus einem älteren Public-Enemy-Song, »Yo! Bum Rush the Show« vom gleichnamigen Debütalbum aus dem Jahr 1987.

Diese Musik ist also eine Polyphonie aus Beats und nicht musikalischen Sounds, aus musikalischen und nicht musikalischen Verweisen auf die Geschichte der afroamerikanischen Kultur und deren Kampf gegen die rassistische Unterdrückung. Hip-Hop, wie er in den 1980er-Jahren bei Crews wie Public Enemy in Erscheinung tritt, ist eine Kultur der Selbstermächtigung und des demonstrativen Widerstands gegen eine von Weißen beherrschte, rassistische Gesellschaft. In dem Video zu »Fight the Power«, das der Filmregisseur Spike Lee inszeniert hat, posieren die Mitglieder von Public Enemy auf einer Bühne inmitten einer politischen Demonstration von schwarzen Menschen. Die Bilder lassen offen, ob sie als Musiker oder als Redner teilnehmen und ob es dazwischen überhaupt einen Unterschied gibt. Durch die demonstrierende Menge patrouillieren soldatisch uniformierte Gruppen von Männern, die in ihrem Habitus an die Militanz der Black-Panther-Bewegung der 1960er-Jahre erinnern.

»Fight the Power«, das heißt hier aber eben nicht nur, dass man eine Polizeimacht bekämpft, die Schwarze drangsaliert. Die Macht ist auch die Macht über die Geschichtsschreibung und über die Überlieferung kultureller Traditionen. Es ist eine Macht, die etwa die Musikgeschichte als eine Kette von Innovationen weißer Superstars erzählt, obwohl alle wesentlichen Innovationen in der US-amerikanischen Musikgeschichte von schwarzen Menschen stammen; obwohl das wesentliche Prinzip der weißen US-amerikanischen

Popkultur in der »cultural appropriation« besteht. Man eignet sich Schöpfungen, Sounds, Stile aus der afroamerikanischen Tradition an und gibt sie als eigene aus, während man die wahren Schöpfer unsichtbar werden lässt. So ist »Fight the Power« auch eines der ersten Stücke im Hip-Hop, in denen »cultural appropriation« ausdrücklich zum Thema wird. Kulturelle Aneignung wird in dem Sinne als Diebstahl beschrieben, in dem es Susan Scafidi anderthalb Jahrzehnte später in ihrem einschlägigen Text formuliert.

Unablässig wird Geschichte im Sinne der Macht umgeschrieben – und die ist weiß. Das ist eine der Botschaften, die man in »Fight the Power« findet. Diese Umschreibung kann nicht rückgängig gemacht, zensiert oder verboten werden. Aber man kann ihr etwas entgegensetzen, man kann eine andere Geschichte erzählen. Darum trägt einer der Angehörigen von Public Enemy, William Jonathan Drayton Jr. alias Flavor Flav, stets eine große Uhr um den Hals. Sie soll zeigen, was die Stunde geschlagen hat, dass es jetzt darum geht, die Zeit zurückzudrehen und die von der weißen Macht verfälschte Geschichte noch einmal von vorne und neu zu erzählen.

So entspringt die politische Durchschlagskraft von Public Enemy gar nicht so sehr ihren Texten, sondern vielmehr ihrem Sampling und ihren Sounds als Technik der Gegen- und Wiederaneignung. Für den Hip-Hop der späten 1980er- und auch noch der frühen 1990er-Jahre ist der Gebrauch von Samples – also von Klang- und Musikzitaten, die direkt von der Originalquelle einer Schallplatte übernommen werden – ein wesentliches Kunst- und Produktionsmittel. Besonders erfindungsreich sind die Rapper des sogenannten Native-Tongues-Genres wie De La Soul, Gang Starr und A Tribe Called Quest, die ihre Stücke fast ausschließlich mit Samples aus Jazzstücken grundieren. Sie verneigen sich vor ihren musikalischen Ahnen und wollen deren Erbe in die Gegenwart retten, indem sie eine eigene Tradition aus der Wiederaneignung vergessener oder zu wenig gewürdigter Quellen des eigenen kulturellen Erbes begründen. Die jungen Hörer, die auf diese Weise vielleicht zum ersten Mal enger mit dem Jazz, Soul und Funk früherer Generationen in Verbindung kommen, sollen dazu angeleitet werden, tiefer in der Geschichte zu graben (»Crate-Diggin'« heißt der Begriff, der sich dafür etabliert) und sich die Originale selbst anzuhören. Es geht hier also auch darum, etwas aufzuheben und zu bewahren, das vom Verschwinden bedroht ist, und es zu einer neuen Geschichte zusammenzufügen, zu einer neuen Tradition, die sich als Alternative zur hegemonialen Tradition der weißen (Pop-)Geschichtsschreibung versteht.

Der Appropriation schwarzer Musik durch weiße Menschen begegnen Public Enemy mit einer »counter appropriation«; sie eignen sich eine von der weißen Hegemonie unsichtbar gemachte Tradition wieder an, indem sie ihre Musik mit Zitaten aus dieser Tradition durchsetzen. Ihre Stücke sind Collagen aus historischem Material, womit sie zugleich Ideen der musikalischen Geschlossenheit widersprechen. Vielmehr ist in der Musik von Public Enemy durchweg kenntlich, dass sie fragmentarisch, heterogen, nach allen Seiten offen ist; und gerade in diesem fragmentarischen Charakter spiegelt sich die (Dis-)Kontinuität der schwarzen Kulturgeschichte in den USA. In der Technik der Counter-Appropriation gelangt also auch ein anderes Verständnis der (künstlerischen) Subjektivität zur Erscheinung als in jenen Formen der appropriierenden Kunst, die wir bisher betrachtet haben.

Es gibt einen kleinen Text von Gilles Deleuze, der beim Verständnis dieses Spiegelverhältnisses eventuell weiterhilft. In diesem befasst Deleuze sich mit dem amerikanischen Schriftsteller Walt Whitman und dem Unterschied zwischen der amerikanischen und der europäischen Literatur.[9] Bei Whitman, schreibt Deleuze, zeige sich eine Kunst des Fragments, die eine typisch amerikanische sei, während das europäische Kunstverständnis generell eher auf das Gerundete,

Harmonische ziele: »Die Europäer haben einen angeborenen Sinn für die organische Totalität oder die Komposition, aber sie müssen den Sinn fürs Fragment erwerben und können es herstellen nur durch eine tragische Reflexion oder eine Erfahrung des Zusammenbruchs. Die Amerikaner dagegen: Sie besitzen einen natürlichen Sinn fürs Fragment, und sie müssen sich demgegenüber das Gefühl für die Totalität, die schöne Komposition erringen. Das Fragment ist bereits da, unreflektiert und auf eine Weise, die jeder Anstrengung vorausgeht.«[10]

Das klingt zunächst ein bisschen pauschal, aber wenn man beim Zitieren und Sampeln die nationalstaatlichen Zuschreibungen wegschneidet – also den Gegensatz zwischen »den Europäern« und »den Amerikanern« –, dann findet man doch einen erhellenden Punkt. Deleuze sagt: Es gibt Kunst, die nach geschlossenen Formen sucht, und es gibt Kunst, die ganz bewusst im Fragmentarischen bleibt, und in beiden spiegeln sich bestimmte historische und soziale Dispositionen. Die fragmentarische Kunst ist der Ausdruck einer Gesellschaft, die aus Minderheiten besteht und das auch von sich weiß; die auf Totalität gerichtete Kunst spiegelt eine Gesellschaft, die sich im Kern ihres Selbstverständnisses als einheitliche entwirft. Noch einmal Deleuze: »Wenn das Fragment den Amerikanern angeboren ist, so deshalb, weil Amerika selbst aus föderierten Staaten und diversen Immigrantenvölkern (Minderheiten) besteht: überall eine Ansammlung von Fragmenten, von der Sezession, das heißt vom Krieg bedroht. Die Erfahrung des amerikanischen Schriftstellers ist nicht von der amerikanischen Erfahrung zu trennen, selbst wenn er nicht von Amerika spricht.«[11] Was sich in den Techniken des Sampling, des Zitats und des Fragments im Hip-Hop als Praxis der Counter-Appropriation zeigt, ist also nicht nur die Wiederaneignung einer unterdrückten und enteigneten Tradition, sondern auch die ästhetische Spiegelung einer Subjektivität, die sich selbst als heterogen und nicht-identisch versteht, als nicht-festgelegt und im Werden begriffen. Diese Nicht-Identität, diese innere Zerrissenheit ist – in dem Sinn, in dem Paul Gilroy in *The Black Atlantic* die Kultur der schwarzen Diaspora und das ihr zugehörige kulturelle Subjekt beschreibt – das Ergebnis einer Gewaltgeschichte, einer Geschichte des Zerreißens von kulturellen Traditionen durch die Entwurzelung ihrer Träger und deren Verstreuung über die Welt. Zugleich aber scheint darin die Erkenntnis auf, dass es kein Zurück hinter diesen Zustand der Entwurzelung gibt, sondern dass dieser vielmehr die Grundlage einer wahrhaft freien, unablässig neue Einflüsse und Inspirationen inkorporierenden Kultur zu sein vermag – während die Vorstellung, dass es so etwas wie kulturelle Reinheit geben könnte, ganz auf die Seite der Kolonialisten gehört, die glauben, dass die von ihnen forcierten Formen der Globalisierung und Hybridisierung ihre »eigenen« Traditionen nicht betreffen. Aus der Perspektive von Public Enemy ist Appropriation jedenfalls etwas grundsätzlich anderes denn aus der Perspektive einer Subjektivität, die sich als mit sich selbst identisch und hegemonial begreift. »In dieser Hinsicht steht das immer zersplitterte, fragmentarische und relative Ich der Amerikaner dem substanziellen, totalen und solipsistischen Ego der Europäer gegenüber«, so Deleuze.[12] Das *counter* in »counter appropriation« bezieht sich also nicht nur auf den Modus der Aneignung, sondern auch auf den Modus der Subjektivität, in dem diese Aneignung vollzogen wird. Es steht hier ein homogenes – oder man könnte auch sagen auf Totalität und also Authentizität orientiertes – Verständnis von Subjektivität einem solchen entgegen, das sich als prinzipiell zerrissen, dezentriert und unfertig begreift. Es verwandelt die historische Erfahrung der Dezentrierung und der Entwurzelung in die Erkenntnis, dass *jede* Kultur *schon immer* heterogen ist – während der Glaube an kulturelle Homogenität und Reinheit sich nur in solchen Kulturen entwickelt, die aufgrund ihrer politischen und ökonomischen

Macht, ihrer kolonialistischen und imperialistischen Dominanz sich selbst für den Ursprung und das Maß aller Dinge halten. Dass es möglich oder wünschbar sein könnte, nicht zu appropriieren: Das ist eine Signatur kolonialistischer Selbstverkennung. Was dies für die Ethik der Appropriation, für die Unterscheidung zwischen guten und schlechten Appropriationen bedeutet, will ich im folgenden Kapitel betrachten.

3. Sampling der Identitäten

Die Technik des Sampling steht in einer elementaren Gestalt schon am Beginn der Geschichte des Hip-Hop. Die Wurzeln des Genres liegen in der Disco- und DJ-Kultur der 1970er-Jahre. Bei den Disco-Partys, die in dieser Zeit zunächst in leerstehenden Lofts in den New Yorker Innenstadtvierteln gefeiert werden, beginnen die Plattenaufleger damit, ihre Songs so ineinander zu mixen, dass daraus ein endloser musikalischer Fluss entsteht. 1973 übernimmt ein junger DJ, der aus Jamaika kommende Clive Campbell alias DJ Kool Herc, diese Technik zur Erzeugung von Beats. Er spielt auf zwei Schallplattenspielern dasselbe Stück von James Brown – eben das in »Fight the Power« zitierte »Funky Drummer« – und montiert einen Break, einen Rhythmuswechsel des Schlagzeugers Clyde Stubblefield dergestalt zu einer endlosen Schlaufe, dass der Beat unaufhörlich zu brechen scheint; dass er sich in jedem Moment an der Stelle der höchsten Intensität befindet. Ein Break ist derjenige Teil eines Hip-Hop-Stücks, »that grabs you and makes you emotional and wild«, so hat es ein anderer

Pionier dieser Musik, Afrika Bambaataa, später einmal formuliert: jener Moment, der dich packt und leidenschaftlich und wild werden lässt. Auf den Partys von Kool Herc wird diese Intensität noch dadurch gesteigert, dass er die Musik von einem gewaltigen Soundsystem mit sehr großen Bassboxen abspielt – so wie er es in seiner Kindheit in seiner Heimat Jamaika gehört und gesehen hatte. Dort stehen die Soundsystems seit den 1950er-Jahren im Zentrum der Ska- und Reggae-Kultur. Die von klanglichem Beiwerk weitgehend befreiten rhythmischen Schlaufen laden dazu ein, darüber zu *toasten*, wie man damals in Anlehnung an die Sprechgesangstechnik sagte, die sich auf den jamaikanischen Dancehall-Reggae-Partys etabliert hat. Später wird diese Technik als »Rap« bezeichnet werden. Im Laufe der Siebziger emanzipiert sie sich von der reinen Publikumsaufmunterung zu ausufernden, assoziativen, oft komplex gereimten Texten. Auch ist der Rapper bald nicht mehr mit dem DJ identisch, sondern wird zu einer eigenständigen musikalischen Figur.

»Hip-Hop entsteht am Anfang der Siebzigerjahre, genährt durch die komplizierten sozialen Beziehungen in der South Bronx in New York, wo in dieser Zeit die Kultur der jamaikanischen Soundsystems implantiert wurde«, so beschreibt es Paul Gilroy in *The Black Atlantic*. Für ihn heißt das vor allem eins: »Hip-Hop ist eine genuin hybride Form.«[13] In den 1980er-Jahren wehrt Hip-Hop sich etwa in Gestalt von Public Enemy gegen die »cultural appropriation« der weißen Mehrheitskultur. Zu Beginn seiner Geschichte ist Hip-Hop aber selber noch eine Form der kulturellen Aneignung. Die afroamerikanische Kultur in der Bronx appropriiert die musikalischen Traditionen, Klang- und Gesangstechniken der jamaikanischen Diaspora.

Der Begriff Hip-Hop wird selber Mitte der 1970er-Jahre erstmals gebraucht, die Urheberschaft des Ausdrucks ist umstritten. Zu den ersten Benutzern gehört jedenfalls der schon erwähnte Afrika Bambaataa, geboren 1957 in der Bronx unter dem Namen Lance Taylor. Als Sechzehnjähriger hört er zum ersten Mal ein DJ-Set von Kool Herc und wird zu einem begeisterten Anhänger. Ab 1977 arbeitet er selber als DJ und veranstaltet Partys. Anders als Kool Herc hat er dabei eine klare politische Perspektive: Er will Jugendliche aus den Innenstadtvierteln von der Straße holen. Sie sollen einander nicht mehr mit Waffen bekämpfen, sondern ihre Konkurrenz auf künstlerische Weise austragen – beim Rappen, Breakdancen und Graffitisprayen. Mit Afrika Bambaataa wird Hip-Hop aber auch deswegen politisch, weil er darin den Soundtrack für eine Widerstandsbewegung sieht, in der sich verschiedene marginalisierte Gruppen versammeln können. »No matter how hard you try / you can't stop this now / We are the force of another creation / a new musical revelation«, so heißt es in seinem Stück »Renegades of Funk« aus dem Jahr 1983: Wir sind die Stimme einer anderen Schöpfung, eine neue musikalische Offenbarung. Afrika Bambaataa & Soulsonic Force wollen nicht nur – wie Public Enemy später – eine von der weißen Macht unterdrückte schwarze Kulturtradition wieder sichtbar machen und rekonstruieren. Sie wollen darüber hinaus eine neue musikalische Tradition begründen, die die kollektive Erfahrung der rassistischen Diskriminierung in ein kollektives Empowerment wendet: »No matter how hard you try / you can't stop us now«.

Das Cover der Single »Renegades of Funk« ist als Comic-Zeichnung gestaltet, oder genauer gesagt wie das Cover eines Superhelden-Comic-Hefts. Darauf sieht man die vier Mitglieder der Soulsonic Force im Einsatz in Superheldenkostümen, nach dem Vorbild etwa der »Fantastic Four« von den Marvel-Schöpfern Stan Lee und Jack Kirby. Afrika Bambaataa firmiert dabei als Bam, seine Mitstreiter heißen Biggs (Ellis Williams), G.L.O.B.E. (John Miller) und Pow Wow (Robert Darrell Allen). Auch dabei handelt es sich um eine Form der Aneignung, denn natürlich ist direkt erkennbar, dass Soulsonic Force mit Superkräften gegen den Rassismus kämpfen wollen; doch zugleich ist es so, dass das Genre der Comic-Superhelden von seiner Erfindung in den späten 1930er- noch bis in die 1980er-Jahre hinein (und darüber hinaus) fast ausschließlich von weißen Autoren und weißen Figuren geprägt ist. Seit der Erfindung des erst sehr viel später zu Filmruhm gelangten Black Panther 1966 gab es zwar einige schwarze Superhelden, doch spielten diese durchweg Nebenrollen in einer von weißen Männern und wenigen weißen Frauen beherrschten Welt.

Soulsonic Force eignen sich also eine weiße Ästhetik für ihre Zwecke an, und sie betreiben noch in einer weiteren Hinsicht kulturelle Appropriation. Wie der Name des Crew-Mitglieds Pow Wow schon andeutet, ist dieser auf dem Comic-Cover von »Renegades of Funk« als Indianerhäuptling gezeichnet, und auch bei den Bühnenshows der Zulu Nation tritt Robert Darrell Allen im Indianerkostüm und mit opulentem Federschmuck auf. In »Renegades of Funk« rappt er: »Nothing stays the same, there were always renegades / Like Chief Sitting Bull, Tom Payne / Like Martin Luther King, Malcolm X«: Nichts bleibt wie es ist, denn es gab schon immer Renegaten – also Abweichler, Abtrünnige vom Verlauf der Geschichte – wie Häuptling Sitting Bull und Tom Payne, wie Martin Luther King und

Malcolm X. Pow Wow bildet hier eine Reihe, in der die Leitfiguren der Schwarzen Emanzipation ebenso auftauchen wie Tom Payne, der weiße atheistische Gründervater aus dem 18. Jahrhundert, und Sitting Bull, der legendäre Anführer der Sioux, der sich den Kolonialisten im 19. Jahrhundert mit aller Macht widersetzt.

Afrika Bambaataa & Soulsonic Force betreiben »cultural appropriation«, allerdings nicht, um sich mit den kulturellen Schöpfungen fremder, weniger mächtiger Traditionen zu schmücken. Sie durchqueren kulturelle Traditionsfelder, um Gemeinsamkeiten zwischen marginalisierten Gruppen zu betonen oder überhaupt erst in deren Bewusstsein zu bringen – zugunsten eines gemeinsamen, solidarischen Kampfs gegen die rassistische Diskriminierung. In »Renegades of Funk« heißt es weiter: »And we're on this musical message to help the others listen / And groove from land to land singing electronic chants / Like to the nation / Like destroy all nation«, auf Deutsch in etwa: Wir wollen einen Groove erschaffen, der alle Ländergrenzen überschreitet – und eine Nation erschafft, die alle Nationen zerstört.

In diesem Verständnis ist Hip-Hop der Prototyp einer postmodernen Kunst. Er bedient sich bei allem, was ihm zur Verfügung steht. Er appropriiert die verschiedensten kulturellen Traditionen, um daraus eine neue, grenzenlos gewordene kulturelle Sprache zu schaffen, in der Vertreter marginalisierter Gruppen sich gegenseitig ermächtigen und in der der Gedanke einer unverrückbaren Kollektividentität, hier metaphorisch als »nation« benannt, zerstört wird. In dieser Idee einer Kultur ohne »nations« spiegelt sich, was Paul Gilroy als Schwarzen Atlantik bezeichnet. Für ihn taugt der Hip-Hop damit auch nicht als Soundtrack für jenen »schwarzen Radikalismus« und – in seinen Worten – »völkischen Nationalismus«, wie er von manchen Intellektuellen an der Wende zu den 1990er-Jahren beschworen wird – etwa von dem Kulturkritiker Nelson George.[14] Von Autoren wie ihm solle der Hip-Hop »zum Ausdruck einer authentischen afroamerikanischen Kultur-Essenz umgedeutet werden«, so Gilroy, »ausgerechnet eine musikalische Form, die derart von ihrer Hybridität lebt und von ihrem transnationalen Charakter. [...] Wie konnte bloß Hip-Hop jemals so diskutiert werden, als ob er aus ein und derselben Traditionslinie entspringt wie der Blues«.[15]

Zu Gilroys wichtigsten Inspirationen zählen die Schriften des postkolonialen Theoretikers Édouard Glissant, dessen erstes Hauptwerk *Les Discours Antilles* 1981 erscheint, etwa gleichzeitig mit den ersten Singles der Soulsonic Force.[16] Glissant wurde auf Martinique geboren. Er hat sich zeitlebens mit Fragen der kulturellen Identität im globalen Süden befasst, welche er als »kreolisch« bezeichnet. Der Begriff »kreolisch« fasst kulturelle Identität als geprägt von einer Kultur, die durch die unablässige Vermischung der verschiedensten Einflüsse und Traditionslinien entsteht. Diese Kultur der »Mestizen« steht jeder Idee einer kulturellen Reinheit und auch jeder Idee homogener kultureller Traditionen entgegen, die sich einer bestimmten Bevölkerungsgruppe zuordnen lassen. Das stimmt für den Hip-Hop, wie wir gesehen haben, aber Édouard Glissant geht noch weiter. Schon der Jazz ist für ihn nicht »schwarz«, sondern kreolisch. »Wenn Sie eine afrikanische Rhythmik nehmen und westliche Instrumente, Saxophon, Geige, Klavier, Posaune, dann haben Sie den Jazz. Das nenne ich Kreolisierung. Ich bin sicher, dass die Asiaten und die Hispanos, die Weißen und Schwarzen in den Städten Kaliforniens einmal etwas Neues hervorbringen, das genau so wunderbar sein wird wie der Jazz«, so hat er es 2007 in einem Interview mit der *Süddeutschen Zeitung* gesagt.[17] Glissant nennt diesen Kulturbegriff auch rhizomatisch: ein Wort, das er Gilles Deleuze und Félix Guattari entliehen hat,[18] die im *Diskurs der Antillen* eine wichtige Inspiration für ihn sind. Ein Rhizom ist ein unterirdisches Wurzelgeflecht. Für Deleuze und Guattari ist es das Symbol für einen Begriff des Denkens, der nicht mehr vom Ideal einer Einheit ausgeht oder vom

Ideal einer Homogenität, sondern vielmehr das Heterogene feiert, die Vielheit, das Verknüpfen von allem mit allem. »Die Merkmale des Rhizoms [sind] 1. und 2.: das Prinzip der Konnexion und der Heterogenität. Jeder beliebige Punkt eines Rhizoms kann (und muss) mit jedem anderen verbunden werden«, schreiben sie im Einführungskapitel ihres Buches *Tausend Plateaus* aus dem Jahr 1980. Und weiter: »Ein Rhizom [...] verbindet unaufhörlich semiotische Kettenglieder, Machtorganisationen, Ereignisse aus Kunst, Wissenschaft und gesellschaftlichen Kämpfen. Ein semiotisches Kettenglied gleicht einer Wurzelknolle, in der ganz unterschiedliche sprachliche, aber auch perzeptive, mimische, gestische und kognitive Akte zusammengeschlossen sind: es gibt weder eine Sprache an sich noch eine Universalität der Sprache, sondern einen Wettstreit von Dialekten, Mundarten, Jargons und Fachsprachen. Es gibt keinen idealen Sprecher-Hörer, ebensowenig wie eine homogene Sprachgemeinschaft. [...] Es gibt keine Muttersprache, sondern die Machtergreifung einer vorherrschenden Sprache in einer politischen Mannigfaltigkeit.«[19]

Unaufhörliche Verknüpfung ohne organisierende Einheit ist auch das Idealbild der kreolischen Kultur, das Édouard Glissant entwirft. Wobei die Bezüge auf Deleuze und Guattari in der englischen Übersetzung seines *Discours Antilles* getilgt sind, weil der Übersetzer – wie Paul Gilroy in *The Black Atlantic* bemerkt – der Ansicht gewesen sei, dass es einem schwarzen, postkolonialen Denker nicht gut zu Gesicht steht, wenn er sich seine Begriffe von weißen französischen Philosophen vorgeben lässt.[20] Hier wurde also gewissermaßen die intellektuelle Appropriation von Glissant rückabgewickelt, um, wie Gilroy schreibt, »die Aura der karibischen Authentizität nicht zu beschädigen, die man für das Werk offenkundig für erstrebenswert hielt«. Darin zeige sich, so Gilroy weiter, jener »ethnische Absolutismus«, der die wahren Qualitäten des Schwarzen Atlantik zum Schweigen zu bringen versucht: »die ruhelosen Rekombinationen, aus denen die politische Kultur der schwarzen Minderheiten ihre Kraft schöpft«.[21]

Ein Denker, der für das Heterogene, die Vielheit, das Rhizomatische eintritt, wird zum Vertreter einer scheinbar authentischen ethnischen Homogenität zurückgestutzt. Nichts könnte ferner von dem sein, was Glissant – der 2011 in Paris gestorben ist – wirklich wollte: »Keine Kultur ist heute isoliert von den anderen. Es gibt keine reinen Kulturen, das wäre lächerlich. Die Spur des Lebens wird nicht durch das Identische gelegt, sondern durch das Verschiedene. Das Gleiche produziert: nichts. Das beginnt schon mit der Genetik. Zwei gleiche Zellen können nichts Neues produzieren. Und in der Kultur ist das auch so.«[22]

Auch Glissant übersieht nicht, dass wir in einer Welt leben, die von postkolonialer Herrschaft geprägt ist, in der die weiße Kultur dominant ist, in der weiße Menschen mehr Macht besitzen als andere, und in der sie diese Macht dazu nutzen, um andere auszubeuten. Doch will er dieser andauernden kolonialen Herrschaft keine Idee einer homogenen schwarzen Kultur, die es gegen Appropriation zu verteidigen gilt, entgegensetzen, weil er das Prinzip der kulturellen Reinheit selber kolonialistisch findet. Für ihn gehört es gerade zum Projekt der weißen oder westlichen oder kolonialen Herrschaft, den Kulturen eine ethnische Homogenität zu verordnen; oder wie es Paul Gilroy formuliert: die Idee einer »ethnischen Identität«, die auch für alle Spielarten des schwarzen Nationalismus gilt, die in den 1970er- und 1980er-Jahren entstehen.[23]

Das emanzipatorische Potenzial des Hip-Hop liegt für Gilroy gerade darin, dass dieser den Break, den man im Breakbeat hören kann, zum wesentlichen ästhetischen Prinzip erhebt. Gilroy erkennt, dass sich in diesem Prinzip nicht nur die Fragmentiertheit der amerikanischen Kultur widerspiegelt – wie es Gilles Deleuze in seinem Text über Walt Whitman formuliert –, sondern die Gebrochenheit *aller* Kulturen, aller kollektiven und singulären Identitäten.[24] Hip-Hop kritisiert die kulturelle Aneignung der weißen Herrschaftskultur nicht nur dadurch, dass er ihr ein eigenes Konzept der Identität entgegensetzt. Die Kritik wird vor allem in seinem endlosen Spiel der Appropriationen deutlich. Im ständigen und immer wieder neuem Aneignen unterschiedlicher Traditionen und Kulturen zeigt sich, dass jede Identität eine gemachte, eine zusammengesetzte ist, und dass jede Vorstellung einer unverrückbar stabilen Identität nur die Ideologeme jener Macht reproduziert, gegen die es zu kämpfen gilt.

Wenn man sich also fragt, was in einem ethischen Sinne gute von schlechten Appropriationen unterscheidet, dann könnte man im Anschluss an Édouard Glissant sagen: Eine gute Appropriation ist jene, die erfinderisch ist; die das Spiel der kulturellen Möglichkeiten erweitert; und auch eine, die uns zeigt, dass Identität »nicht aus einer einzigen Wurzel erwächst«, sondern »aus einem Wurzelgeflecht, einem Rhizom«.[25] Identität ist immer hybrid, gemacht, unablässig im Werden und in der Veränderung. Eine Praxis der Appropriation, die diese Hybridität und die ambivalente Verfasstheit jeglicher kultureller Identität sichtbar macht, ist eine im ethischen Sinn gute Appropriation. Eine schlechte Appropriation ist hingegen jede, die scheinbar vorgegebene Identitäten hinnimmt und verfestigt, die bestehende Machtverhältnisse ästhetisch ausnutzt und damit politisch zementiert. Schlechte Appropriation beutet ästhetische

Erzeugnisse marginalisierter Menschen aus der Position einer hegemonialen Mehrheitsgesellschaft aus und schreibt diese Menschen dabei zugleich in ihrem Status der Marginalisierung fest.

4. Was wirklich *echt* ist

Wenn wir uns an einer Ethik der Appropriation versuchen wollen, dann hat sich unser Augenmerk also auch auf die Frage zu richten, welche Begriffe der kulturellen und individuellen Identität sich in den jeweiligen Formen des Appropriierens verbergen. In den unterschiedlichen Arten der Appropriation, die wir bisher kennengelernt haben, lassen sich zwei Typen unterscheiden. Den ersten Typus finden wir in der »weißen« Aneignung von »schwarzer« Kultur, wie sie im zweiten Kapitel beschrieben worden ist. Dabei eignen sich Angehörige einer mächtigen Kultur die kulturellen Artefakte einer unterdrückten Kultur an, wobei die Angehörigen der appropriierten Kultur zugleich, und das ist ein entscheidender Punkt, aus der Perspektive der Appropriierenden etwas besitzen, das ihnen selber fehlt. Sie erscheinen als natürlicher, wilder, authentischer als man selbst und wecken darum bei jenen Menschen, die sich selbst als zivilisierter betrachten, eine Sehnsucht nach Echtheit und Ursprünglichkeit, die durch die Aneignung authentischerer kultureller Artefakte und Inszenierungen gestillt werden soll.

In der »weißen« Appropriation »schwarzer« Kultur wird der »schwarzen« Kultur mithin der Status einer größeren Naturnähe und Authentizität zugeeignet. Dieser asymmetrische Kulturbegriff ist per se rassistisch. Es steckt in ihm aber eben auch die Vorstellung, dass es überhaupt so etwas wie authentische Kulturen gibt, die sich im Zustand einer reinen Selbstidentität befinden, weil sie eben noch nicht durch den Prozess der Zivilisierung verunreinigt wurden. Theoretiker wie Paul Gilroy und Édouard Glissant setzen dem die Behauptung entgegen, dass es überhaupt keine mit sich identischen Kulturen gibt und keine kulturelle Authentizität, sondern dass die Zuweisung von Authentizitätsvorstellungen eben schon immer ein politisches Mittel ist, um eine Kultur in ihre Grenzen zu weisen – oder wie hier: um sie zum Ausdruck und zum Beweis eines archaischen oder auch primitiven Kulturzustands umzuwerten. Würde man der Vorstellung von Gilroy und Glissant folgen, dass Kulturen generell hybrid und rhizomatisch sind, hätte sich die juridisch formulierte Kritik der »cultural appropriation«, wie sie Susan Scafidi betreibt, erledigt. Wenn Kultur nichts ist, das sich von jemandem besitzen lässt, dann kann sie auch niemandem geraubt werden: ohne Eigentum keine Enteignung. Das widerspricht wiederum der intuitiven Erkenntnis, dass es verletzende Formen der Aneignung gibt

– wie eben das »blackfacing«, mit dem, einerlei aus welcher Motivation heraus es betrieben wird, eine jahrhundertealte Geschichte der rassistischen Diskriminierung aufgerufen wird. Die Frage ist also: Wie kann man als verletzend empfundene Arten der Appropriation reflektieren und kritisieren, ohne die Begrifflichkeiten der Identität, des Eigentums und des Verbots zu benutzen? Eine Möglichkeit haben wir bei der »counter appropriation« des Hip-Hop gesehen. Sie verbietet nicht anderen die Aneignung, sondern kontert schlechte mit guten Aneignungen; dabei wird der Möglichkeitsraum, den Aneignungen bieten, nicht verengt, sondern erweitert. Freilich ändert das zunächst nichts daran, dass die schlechten Aneignungen weiter in der Welt sind. Public Enemy konnten den ökonomischen Siegeszug von Eminem zehn Jahre später nicht verhindern. Dennoch sorgte die »counter appropriation« schwarzer Musiktraditionen in ihrer besonderen Variante des Hip-Hop dafür, dass weiße Rapper *in the long run* als ebensolche erscheinen. Sie können – anders noch als Benny Goodman oder Elvis Presley – nicht mehr als universelle, also unmarkierte »Könige« einer in Wahrheit partikularen, von Schwarzen geprägten Kultur posieren, sondern sind vielmehr als weiße Rapper markiert. Das heißt, dass sie als Künstler erscheinen, die in aneignender Form in ein lange schon vor ihnen existierendes Spiel der

Aneignungen eingreifen. Das widerspricht der klassischen Heldenerzählung, in der es erst weiße Musiker sind, die aus dem wilden, heißen, animalischen Chaos der schwarzen Musik wahre, dauerhafte Kunst zu erschaffen vermögen. Die Kunst der Counter-Appropriation zerstört den ideologischen Schein, dass es jenseits des Appropriierens authentische, ursprüngliche Kulturformen gibt – die sich dann ihrerseits von heroischen (man könnte auch sagen: suprematistischen) Künstlersubjekten in eine kulturell verfeinerte Form überführen lassen. Wer sich einst noch als genialer Schöpfer gerieren konnte, erscheint nun als verspäteter Appropriateur, der Komplexität nicht erzeugt, sondern im Gegenteil reduziert.

Was bedeutet das für den Versuch in ethischer Hinsicht, falsche von richtigen Appropriationen zu unterscheiden? Ich schlage vor, als richtige Appropriationen solche zu begreifen, die nicht auf die Zementierung von Reinheits-, Natur- und Authentizitätsvorstellungen zielen, sondern vielmehr auf die Entgrenzung, das Hybride, auf die Überwindung von allen Arten kultureller Verdinglichung – und die dabei zeigen, dass jegliche Identität sich in Wahrheit in endloser Transformation befindet und die Sehnsucht nach kulturellen Reinheitszuständen letztlich nur das ist, was Jacques Derrida einst als »Sehnsucht nach dem Ursprung« beschrieb: ein Ausdruck der Sehnsucht nach Metaphysik und Totalität und mithin ein Ausdruck des falschen Bewusstseins, das in der unüberschaubaren Vielheit der Welt nach dem Einfachen, Reinen, Authentischen sucht, das es in Wahrheit jedoch gar nicht gibt.[26]

In der richtigen Appropriation zeigt sich dagegen ein (richtiges) Bewusstsein von der konstitutiven Offenheit und Hybridität – oder wie Derrida gesagt hätte: »Dezentriertheit« – jeder Kultur. Das schreibt sich schön dahin, aber was heißt es konkret? Und wie kann man Appropriationen, in denen sich falsches Bewusstsein von Authentizität und Ursprünglichkeit findet, von anderen unterscheiden? Sind Appropriationen nicht per se ambivalent, indem sie etwa rassistische Macht- und Gewaltverhältnisse gleichermaßen überschreiten, wie sie diese zementieren? In der Aneignung »schwarzer« Jazz-Kultur fanden »weiße« Menschen in den 1920er-Jahren einen Ausweg aus ihren erstarrten biografischen und gesellschaftlichen Verhältnissen und setzten zugleich die rassistische Praxis des »blackfacing« fort, mit der schwarze Menschen verhöhnt und erniedrigt wurden. Sie betrieben eine Appropriation, in der das Verständnis von Kultur gleichzeitig geöffnet und geschlossen wurde.

Eine ähnliche, wenn auch anders konstituierte Ambivalenz findet sich in der deutschen Aneignung der »Indianerkultur«, auf die ich an dieser Stelle zurückkommen will. Denn natürlich zeigt sich im »Wunsch, Indianer zu werden« zunächst auch der Wunsch danach, einer Kultur anzugehören, die ursprünglicher, naturverbundener, authentischer scheint als die eigene. In der Karl-May-Version der Winnetou-Figur kommt dieser Wunsch überdeutlich zum Ausdruck. Denn Winnetou wird von May ausdrücklich als »Edelmensch«, als eine moralisch absolut integre Erscheinung, wie ein ruhendes, sich seiner selbst sicheres, man könnte auch sagen: ambivalenzfreies Zentrum in einer sich wandelnden Welt charakterisiert.

Zugleich ist es kein Zufall, dass sich die Begeisterung der deutschen Gesellschaft für Cowboys und Indianer, für die *Winnetou*-Filme mit Pierre Brice und Lex Barker und für die Karl-May-Spiele in Bad Segeberg und anderen Freilichttheatern gerade in den ersten Jahrzehnten nach dem Zweiten Weltkrieg entfaltet hat. Die Kulturwissenschaftlerin Katrin Sieg hat dieses Phänomen als »ethnic drag« analysiert, als kollektive Strategie der Übertragung und Projektion durch ethnische Kostümierung und Maskerade.[27] Beim »ethnic drag«, schreibt Sieg in ihrem gleichnamigen Buch, geht es darum, in die Rolle eines Volkes zu schlüpfen, das von allen entfremdenden Tendenzen der modernen Zivilisation noch völlig unbeeinflusst ist. Darin drücke sich das generelle Unbehagen der

»normalen«, heimatverbundenen Deutschen mit den Zumutungen der Nachkriegsmoderne aus; nicht anders als in den Heimatfilmen, die in den 1950er-Jahren das deutsche Kino beherrschen. Die »Indianer« sind hierbei aber ein besonderer Fall – nämlich als eine naturnahe ethnische Gemeinschaft, die von einem Genozid bedroht ist. Dass die Deutschen sich gerade in der unmittelbaren Zeit nach dem Ende der nationalsozialistischen Herrschaft so intensiv mit der Figur des Indianers identifizieren, liegt also auch daran, dass jenes Volk, das gerade erst selber einen Genozid an den europäischen Juden vollzogen hat, aus der Rolle der Täter in jene der Opfer hinüberzuwechseln versucht. Wobei die guten Cowboys und »Westmänner« bei Karl May ja immer Deutsche im Ausland sind, die hier nun als strahlende Helden den bedrängten Indianern beistehen, als »white saviours«, wie man heute sagen würde. Es handelt sich also um eine Win-win-Situation. Man befindet sich, egal in welche Kostüme man schlüpft, auf der richtigen Seite der Geschichte und kann sich von der eigenen historischen Verantwortung exkulpieren.

In dieser »ethnischen« Appropriation und der damit verbundenen Anrufung von Authentizität und kultureller Geschlossenheit zeigt sich also eine geschichtsrevisionistische Motivation. Doch ist in ihr noch etwas anderes versteckt, das diesen reaktionären Anrufungen gerade entgegenläuft, was die Faszination mit den Indianern eigentlich erst interessant macht. Um das zu erläutern, muss ich noch ein zweites Mal in der Zeit zurückreisen und versuchen, mich in das Kind in den 1970er-Jahren zurückzuversetzen, das staunend und gebannt in den Karl-May-Romanen las, die Karl-May-Spiele in Bad Segeberg besuchte und mit anderen Kindern in der Straße des kleinen abgelegenen Dorfes die langen Sommerferiennachmittage damit verbrachte, Cowboys, die Indianer zu spielen. Diese Spiele waren auch Maskeraden, gewissermaßen improvisierte Kostümbälle unter freiem Himmel. Einige Kinder verkleideten sich als Cowboys, die anderen als Indianer. Wer sich auf welche Seite schlug, hatte nicht nur damit zu tun, ob man sich lieber mit der eigenen »weißen«, dominanten Kultur identifizieren wollte oder stattdessen mit der fremden, exotischen, anderen, »nicht-weißen«, bedrängten Kultur. Die Appropriation des (Märchen-)Indianers hatte nicht zuletzt auch einen geschlechtlichen Aspekt. In der westdeutschen Provinz der 1970er-Jahre war es völlig selbstverständlich, dass Jungen kurze und Mädchen lange Haare trugen, dass Mädchen sich – manchmal – schminkten, Jungen hingegen nie. Wer als Junge lieber lange Haare trug und sich eventuell sogar einmal mit dem Nagellack seiner Schwester die Fingernägel lackierte, befand sich sofort in der Position des verspotteten Außenseiters – es sei denn, er rechtfertigte diese Praxis dadurch, dass er eben in ein Indianerkostüm schlüpfte. Hier waren die langen Haare, als schwarze Perücke getragen, ebenso selbstverständlich und legitim wie das Schminken des Gesichts mit roter Farbe und mit jenen bunten Streifen, die man aus den Karl-May-Filmen und anderen Western als »Kriegsbemalung« kannte.

In der Fantasie und im Gebrauch der Indianerfilm-schauenden Kinder waren die Indianerkostüme nicht nur ein »ethnischer Drag«, sondern ein »Drag« im ursprünglichen Sinne des Wortes: Kostüme der geschlechtlichen Transgression. Die Fantasie vom Indianer als einem Mann, der Definitionen der Männlichkeit überschreitet, hat übrigens schon Karl May selber in seinen *Winnetou*-Romanen nahegelegt. Als er den edlen Apatschenhäuptling zum ersten Mal auftreten lässt, schreibt er: »Er trug den Kopf unbedeckt und hatte das Haar zu einem Schopfe aufgewunden, aber ohne es mit einer Feder zu schmücken. Es war so lang, dass es dann noch reich und schwer auf den Rücken niederfiel. Gewiss hätte ihn manche Dame um dieses herrliche, blauschimmernde Haar beneidet«, heißt es in der »Reiseerzählung« mit dem Titel *Winnetou I*.[28] Und an anderer Stelle weiter: »Einen Bart trug er nicht; darum war der sanfte, liebreich milde und doch so energische Schwung seiner Lippen stets zu sehen, dieser halbvollen, ich möchte sagen, küsslichen Lippen. Seine Stimme besaß, wenn er freundlich sprach, einen unvergleichlich ansprechenden, anlockenden gutturalen Timbre, den ich bei keinem andern Menschen gefunden habe und welcher nur mit dem liebevollen, leisen, vor Zärtlichkeit vergehenden Glucksen einer Henne, die ihre Küklein unter sich versammelt hat, verglichen werden kann.«[29]

Arno Schmidt hat diese Charakterisierung von Winnetou in seiner einschlägigen Karl-May-Interpretation *Sitara und der Weg dorthin* als Ausdruck homoerotischen Begehrens analysiert,[30] die Psychoanalytikerin Johanna Bossinade hat im Anschluss an ihn dargelegt, wie »an der Figur des indianischen Androgyn bei Karl May Momente des Heterogenen aufleuchten«.[31] In den theatralischen und filmischen Variationen der Figur ist diese Heterogenität jedenfalls in Form einer »unmännlichen« oder »effeminierten« Männlichkeit erhalten geblieben; man betrachte noch einmal die Auftritte des Winnetou-Darstellers Pierre Brice in den Karl-May-Filmen der 1960er-Jahre, in seinem prächtigen Kostüm, mit seinen langen Haaren und seinem weichen runden Gesicht neben dem markig-männlichen Old-Shatterhand-Darsteller Lex Barker. Wer sich in der Zeit der größten popkulturellen Bedeutung von *Winnetou* in ein von ihm inspiriertes Indianerkostüm kleidete, der konnte damit nicht nur einen »ethnischen Drag« praktizieren, sondern auch einen Drag im Sinn der Drag Queens und Drag Kings: also schwuler Männer, die sich als Frauen kostümieren, und lesbischer Frauen, die in Männerkleidern auftreten, oder generell: Menschen, die in ihrer Kostümierung kulturell etablierte Formen der binären Geschlechterlogik überschreiten.

Formen der geschlechtlichen Maskerade und Appropriation ziehen sich durch das gesamte 20. Jahrhundert; auch in ihrem Fall ist das Verhältnis zur politischen Emanzipation ambivalent. Die erste »queen of drag«, die unter diesem Titel auftrat, war ein schwarzer US-Amerikaner, der Mitte des 19. Jahrhunderts in einer versklavten Familie geboren wurde. William Dorsey Swann organisierte erstmals in den 1880er-Jahren in Washington, D. C., eine Reihe von Cross-Dressing-Balls, bei denen schwule schwarze Männer in Frauenkleidern posierten. Er verbrachte deswegen einige Zeit im Gefängnis und wurde zum ersten offen schwulen Aktivisten in den USA. Seine Veranstaltungen dienten als Vorbild für ähnliche Bälle, wie sie später auch in Europa und insbesondere im Berlin der Weimarer Republik veranstaltet wurden. Einen wesentlichen Popularitätsschub erlebte die geschlechtliche Maskerade dann aber auch, als bei den »minstrel shows« in den 1910er- und 1920er-Jahren die weißen Darsteller sich nicht nur als schwarze Männer verkleideten, sondern auch als schwarze Frauen. Seither gehört die geschlechtliche Maskerade zu den wesentlichen Bestandteilen der Popkultur, von den Filmen von Josef von Sternberg mit Marlene Dietrich über den Glamrock der 1970er-Jahre, in dem männliche Künstler wie Marc Bolan und David Bowie in Frauen- oder jedenfalls androgynen Kostümen posierten, bis zum ersten prominenten Drag-Künstler der Disco-Kultur, Sylvester, der 1978 die Hymne der Bewegung aufnahm: »You Make Me Feel (Mighty Real)«. In dieser wird in interessanter Weise auch noch einmal das Thema der Authentizität angeschlagen. Sylvester singt davon, dass er sich besonders authentisch – »mighty real« – fühlt, wenn er in seinem Drag-Kostüm auf der Tanzfläche steht. Aber »real«, das heißt hier gerade nicht »echt« im Sinne einer naturgegebenen Identität. »Real«, das heißt vielmehr, dass sich Sylvester über die Beschränkungen erhebt, die ihm von der Gesellschaft auferlegt werden. Er appropriiert die Symbolik der weiblichen Sexualität – aber weder, um als Frau, noch, um als Mann zu erscheinen, sondern vielmehr als etwas Drittes.[32]

Von den Versuchen des schüchternen Dorfjungen, der sich ebenfalls Ende der 1970er-Jahre mit seinem Indianerkostüm aus den Festschreibungen der binären Geschlechterverhältnisse hinfortzustehlen versucht, scheint das zunächst weit entfernt. Während dieser möglichst unauffällig und unsanktioniert seinen Wunsch nach einem Spiel mit dem Geschlecht auszuleben versucht, imitieren die Drag Queens in exaltierter Weise das Auftreten, den Habitus von berühmten Pop-Diven. Sie wollen mit ihrer Appropriation weiblicher Geschlechterstereotype gerade besonders sichtbar und besonders auffällig sein, weil die Mehrheitsgesellschaft ihnen eben ansonsten vorschreibt, möglichst unauffällig und unsichtbar zu sein.

Beide Arten der Maskerade sind aber in einer bestimmten Hinsicht miteinander verbunden. Das Kostüm, die Maske, die Appropriation öffnen einen Möglichkeitsraum für das Finden und Inszenieren einer Identität, die quer – *queer* – zu den Erwartungen der Mehrheitsgesellschaft und der von ihnen etablierten Konventionen steht. »In einer Kultur [...], die offenbar stets und in jeder Hinsicht die Vernichtung von *queers* zu regeln weiß«, schreibt Judith Butler in ihrem Text »Gender Is Burning. Fragen der Aneignung und Subversion« aus dem Jahr 1993, öffnet Drag immer wieder »flüchtige Räume [...], in denen diese vernichtenden Normen, jene tötenden Geschlechtsideale und Rassenideale nachgestellt, umgearbeitet, resignifiziert werden«.[33] Butler betrachtet Drag als besondere, emanzipatorische, selbstreflexive Form der Appropriation, weil sie Möglichkeiten zu einem Selbstausdruck eröffnet, wie er den Appropriierenden von der heteronormativen Gesellschaft ansonsten verweigert wird.

Die geschlechtliche Maskerade kann also auch eine Perspektive darauf eröffnen, dass es überhaupt keine geschlechtliche Identität gibt, die nicht durch Maskeraden und Performativität erzeugt wird. In ihrer schrillen Übersteigerung der geschlechtlichen Identifizierung erinnern Drag Queens – und ihre Pendants, die Drag Kings – daran, dass jegliche geschlechtliche Identifizierung immer etwas Artifizielles, durch kulturelle Übereinkünfte Geprägtes besitzt. So stellen sie das binäre System der Geschlechterverhältnisse infrage. Sie subvertieren die Vorstellung von einer biologisch unverrückbaren geschlechtlichen Identität, auf deren Grundlage die Kostümierung mit dem »anderen« Geschlecht überhaupt erst als Aneignung verstanden werden kann. Diese besondere Form der Appropriation subvertiert die Idee der Appropriation selber.

»Drag«, schreibt Judith Butler, ist »in dem Maß subversiv, in dem es die Imitationsstruktur widerspiegelt, von der das hegemoniale Geschlecht produziert wird, und in dem es den Anspruch der Heterosexualität auf Natürlichkeit und Ursprünglichkeit bestreitet«.[34] Denn in Wahrheit, so Butler, sei geschlechtliche Identität generell nichts anderes als »drag«. Die Wahrheit sei, »dass im Kern des heterosexuellen Projekts und seiner Geschlechtsbinarismen ›Imitation‹ zu finden ist; dass *drag* keine sekundäre Imitation ist, die ein vorgängiges und ursprüngliches soziales Geschlecht voraussetzt, sondern dass die hegemoniale Heterosexualität selbst ein andauernder und wiederholter Versuch ist, die eigenen Idealisierungen zu imitieren«.[35]

Auch Jungen, die ihre Haare in gesellschaftlich sanktionierter Weise kurz tragen, verhalten sich ja nicht natürlich oder authentisch. Vielmehr eignen sie sich Bilder an, die ihnen vorgegeben wurden und die erst in der unermüdlichen kulturellen Wiederholung den Anschein erwecken, dass sie der Ausdruck eines feststehenden Geschlechts sind. In dieser Hinsicht betreiben auch Jungen mit kurzen Haaren »drag«, nur dass dieser nicht subversiv ist, sondern affirmativ, während der echte »drag« – der auch als solcher bezeichnet wird – quer/queer zu den herrschenden Konventionen läuft und damit zeigt, dass es sich bei diesen Konventionen eben um solche handelt. »Drag [...] ist die Destabilisierung des sozialen Geschlechts selbst, eine Destabilisierung, die entnaturalisierend ist und die die Ansprüche auf Normativität und Ursprünglichkeit, mit denen das soziale Geschlecht und Unterdrückung manchmal operieren, in Frage stellt.«[36]

Butler sagt also: Wenn man appropriiert, dann kann das sowohl reaktionär sein wie auch progressiv, es kommt eben darauf an, wie man es tut. Vielleicht kann man aus ihren Gedanken so etwas wie eine Ethik der Appropriation herauslesen, die uns aus der einfachen Gegenüberstellung von Alles-verbieten und Alles-erlauben herausführt. Zumal, wenn man das, was sie schreibt, zusammendenkt mit dem, was wir von Édouard Glissant gehört haben: »Keine Kultur ist heute isoliert von den anderen. Es gibt keine reinen Kulturen, das wäre lächerlich.«[37] Es gibt keine reinen Kulturen, denn Kulturen ergeben sich immer aus Vermischungen. Es gibt keine »reine« geschlechtliche Identität, denn diese, das sexuelle Begehren und die Erscheinungsformen der Sexualität sind weitaus vielfältiger als das, was im scheinbar ausschließlichen Gegensatz von »männlich« und »weiblich« zur Erscheinung gelangt. Und in dieser Hybridität des Geschlechts, so Judith Butler, zeigt sich nichts anderes als die Hybridität jeder Art von Identität.

»Was wir Essenz oder materielle Tatsache nennen, [ist] nichts anderes [...] als eine aufgezwungene kulturelle Option, die sich als natürliche Wahrheit getarnt hat«, schreibt Butler in einem ihrer ersten Texte aus dem Jahr 1985, »Variationen zum Thema Sex und Geschlecht«.[38] Wir sollten also die Hybridität, das Unreine, Vermischte als Grundlage aller Kultur und als Grundlage aller Identität anerkennen, also auch das Appropriieren im Allgemeinen. Das heißt aber nicht, dass dadurch jede besondere Appropriation schon gerechtfertigt ist. Gutes, reflektiertes, kritisches Appropriieren denkt immer die Machtverhältnisse mit, in denen wir leben, und stellt sie infrage. Es wendet sich also gegen ideologische Verfestigungen jeder Art; gegen jede kulturelle Norm, die behauptet, sie entspreche einem unhinterfragbaren Naturzustand.

Wenn man Appropriation richtig begreift, dann steckt darin eine Kritik der Verhältnisse, in denen wir leben, und eine Reflexion auf die Bedingungen, unter denen wir uns zu uns selber verhalten und unter denen wir diese Verhältnisse betrachten. Wenn man Appropriation falsch begreift, dann werden strukturell ungerechte, wie zum Beispiel rassistische Verhältnisse lediglich affirmiert. Beides ist möglich, und beide Möglichkeiten sind dialektisch ineinander verschränkt. Die richtige Appropriation zeigt uns, dass es nichts Festgefügtes gibt, und das tut sie, indem sie das scheinbar Festgefügte zersetzt, also das, was von der falschen Appropriation affirmiert werden soll. Die richtige Appropriation bildet die Antithese zur falschen, indem sie die falsche Appropriation selber appropriiert und damit auf eine neue, richtige Ebene hebt, in welcher der Gedanke der Appropriation negiert und aufbewahrt, aber auch überschritten wird. Es handelt sich also um eine dialektische Aufhebung im dreifachen Wortsinn nach Hegel: *negare, conservare, elevare.*

Was bedeutet das nun aber für die Appropriation des Indianers? Auch sie ist dialektisch, wie wir gesehen haben. Der schüchterne kleine Junge in den 1970er-Jahren hat mithilfe von Winnetou seine eigene geschlechtliche Identität und die Normen, an denen sie ausgerichtet wurde, überschritten und sich auf etwas Anderes geöffnet. Aber andererseits ist das Andere, auf das er sich geöffnet hat, eine andere Art der Verhärtung von Identität. Denn »den« Indianer gibt es eben nicht. Es gibt nur sehr viele Stämme und Erscheinungsformen von nicht-weißen Bewohnern Nordamerikas, die von weißen Menschen kolonialisiert worden sind. Woraufhin sich die weißen Menschen in der von ihnen zivilisierten Welt nach etwas zurücksehnen, das sie im Prozess der Zivilisierung verloren zu haben meinen: nach der Natur, nach dem Echten, dem Authentischen. Dafür brauchen sie dann Figuren wie den Indianer – oder auch: den unzivilisierten, wilden Schwarzen – als Projektionsfläche. Sie unterwerfen also eine Vielfalt von Menschen und Kulturen ihrem vereinheitlichenden, kolonialen Blick. Sie gebrauchen die Appropriation gerade nicht zur Kritik des angeblich Natürlichen und der Authentizität, sondern um sich in der identifizierenden Aneignung von etwas anderem besonders authentisch zu fühlen. Oder jedenfalls: authentischer, als es ihnen in ihrem sonstigen Leben gelingt. Das ist aber gerade das Gegenteil zu jeder richtigen Form des Appropriierens, so viel haben wir bei Judith Butler gelernt. Denn in der richtigen Form des Appropriierens steckt immer auch eine Kritik des Begriffs der Authentizität – die wiederum in jenem *drag* zur Erscheinung gelangt, der in der Appropriation des Indianerkostüms ein Medium fand, um den Verhärtungen der ihn umgebenden Kultur zu entfliehen. Eine richtige Appropriation des geschlechtlich Transgressiven wäre mithin eine solche, die das *Queeren* überkommener Identitäten in Kostümen vollzieht, die sich nicht zugleich als Ausbeutung vermeintlich authentischer Kulturen lesen lassen. Wer wirklich zum Indianer werden will, muss den Indianer zugleich hinter sich lassen: Er muss – um noch einmal Franz Kafka zu variieren – die Sporen weglassen, denn es gibt keine Sporen; er muss die Zügel wegwerfen, denn es gibt keine Zügel; und er muss bereit sein, das Land vor sich als glatt gemähte Heide zu sehen, schon ohne Pferdehals und Pferdekopf. Erst am Ende dieser Desillusionierung, dieses Aus(t)ritts aus der Fantasie, kann man zu der Erkenntnis gelangen, dass es in der menschlichen Kultur nichts gibt, was stabil oder natürlich ist. Es gibt nur eine unendliche Kette von Aneignungen von

Aneignungen von Aneignungen von Aneignungen von Aneignungen von Aneignungen … Und wir kommen erst dann in der Realität an – wir sind erst dann, um den Begriff der »Realness« der Drag Queen Sylvester zu zitieren, wirklich *echt* –, wenn wir dieses endlose Spiel der Appropriation als unsere wahre Natur begreifen.

5. Solidarität im Diversen

Appropriation ist ein umkämpfter Begriff, geradezu ein begrifflicher Knotenpunkt der kulturellen Kämpfe in unserer Gegenwart. Wer kulturelle Aneignung, »cultural appropriation«, betreibt, der macht sich – einem vielerorts verbreiteten Verständnis zufolge – eines Vergehens schuldig: Angehörige einer herrschenden Kultur beuten Erzeugnisse marginalisierter Kulturen aus, um sich damit zu schmücken, ohne den Erzeugern und Erzeugerinnen den nötigen Respekt zu erweisen. Gegen diese Kultur der raubenden Aneignung hat sich breiter Protest erhoben. Er zielt darauf, Appropriation zu ächten und zu verbieten.[39] Der Impuls, der hinter diesem Protest steht, ist, wie ich gezeigt zu haben hoffe, leicht nachzuvollziehen. Es ist intuitiv richtig, dass Weiße sich nicht mit »blackfacing« als Schwarze kostümieren sollen, ebenso wie es unmittelbar einsichtig ist, dass sich in der weißen Ausbeutung schwarzer Musik – seit Al Jolson und Elvis – ungerechte Machtverhältnisse spiegeln und zementieren. Ebenso nachvollziehbar ist indes das intuitive Unbehagen daran, kulturelle Aneignung generell zu ächten. Denn es ist schlechterdings keine Kultur denkbar, die sich nicht aus der Aneignung vorangegangener kultureller Formen ergibt. Wer Appropriation prinzipiell zu einem Vergehen erklärt, das es zu verbieten gilt, raubt letztlich der Kultur jede Beweglichkeit und jedes Leben.

Die Frage, die sich daraus ergibt, ist mithin: Wie kann man zu einer Kritik falscher Formen der Appropriation kommen, die gleichwohl nicht das Verfahren als solches infrage stellt, sondern dieses im Gegenteil als Motor jeder kulturellen Entwicklung anerkennt und feiert? Wie kommt man zu einer Ethik der Appropriation, die richtige und falsche Formen voneinander unterscheidet und aneinander begrifflich schärft?

In den Theorien von Paul Gilroy und Édouard Glissant, von Judith Butler, Gilles Deleuze und Félix Guattari haben wir ein differenzierteres Verständnis der Appropriation kennengelernt. Es ist kein Zufall, dass sie alle sich ihrerseits aus kulturellen Praktiken speisen, die im weitesten Sinne mit der Epoche der Postmoderne in den 1970er- und 1980er-Jahren verbunden sind.[40] In dieser Zeit hatte Appropriation noch nicht den schlechten Ruf, den sie in unserer Gegenwart besitzt. Vielmehr galt sie – im Gegenteil – als emanzipatorisches Konzept. Aneignung und Diebstahl wurden nicht als Frevel betrachtet, sondern als Tugend. Jedes Eigentum ist Diebstahl: Das war die

Maxime der »appropriation art«. Diese betrachtete es geradezu als ihre ästhetische Pflicht zu rauben, zu zitieren, sich fremdes Eigentum anzueignen. Dass sie ihre eigene Abkünftigkeit offensiv ausweist, galt als Zeichen reflektierter Kunst – wie es als Zeichen reflektierter Subjekte galt, dass sie sich ihrer eigenen Zusammengesetztheit innewerden. In der »appropriation art« demonstrierten Künstlerinnen wie Dara Birnbaum, Cindy Sherman und Sherrie Levine, dass jede Identität, jedes Selbstbild, jede Selbstinszenierung sich notwendig aus der Aneignung von vorgefundenen Bildern, Mustern, Rollenmodellen ergibt. Und dass die überkommene Idee einer authentischen (Genie-)Kunst auf einer ideologischen Verkennung basiert, weil jedes Kunstwerk sich erst aus der Aneignung vorgefundener Kunstwerke ergibt, aus Zitaten, Pastiches, Parodien. Wer etwas anderes behauptet, der lügt – das war die These; oder genauer gesagt: Wer etwas anderes behauptet, der verschleiert den eigenen Produktions- und Subjektivierungsprozess, indem er die Quellen, Traditionen, Inspirationen verleugnet, die aus dem (künstlerischen) Ich erst das gemacht haben, was es ist.

Ich hoffe, dass ich zeigen konnte, dass man von diesem postmodernen Verständnis der Appropriation etwas für die Debatten unserer Gegenwart lernen kann – ein dialektisches Verständnis der Beziehungen zwischen dem Eigenen und dem Fremden und der Machtverhältnisse, die diese Dialektik durchziehen. Freilich gab es in den 1970er- und 1980er-Jahren auch eine Tradition des Appropriierens, die dieser postmodernen Tradition gerade entgegengesetzt war. In dieser hatte die Aneignung vielmehr das Ziel, das Leid an der entfremdeten Kultur der kapitalistischen Konsumgesellschaft dadurch zu lindern, dass man sich andere, weniger entfremdete Formen der Kultur aneignete. Nicht nur die Karl-May-Freunde in Bad Segeberg und anderswo in Deutschland kostümierten sich als »Indianer«, sondern auch die Hippies in aller Welt. Die Anhänger der Gegenkulturen suchten Heilung im spirituellen fernöstlichen Wissen und strebten mit der Appropriation des indischen Yoga nach Erleuchtung (und tun es in den neoliberal stratifizierten Wurmfortsätzen dieser Gegenkulturen bis heute). Die antiimperialistische Linke identifizierte sich bevorzugt mit den Befreiungskämpfen »einfacher«, unentfremdeter Völker aus den Regenwäldern und Wüsten der »Dritten Welt«. Das beliebteste *fashion item* in dieser Zeit war das sogenannte Arafat-Tuch. Im Kampf gegen den globalen Imperialismus wollten alle – irgendwie – Palästinenser sein. In gewisser Hinsicht war der PLO-Führer Jassir Arafat nichts anderes als der Winnetou der linken Alternativkultur.[41]

So zeigt sich schon in der Epoche der Postmoderne jenes Schisma des Appropriierens, das bis in unsere Gegenwart wirkt. Im einen Fall wird Appropriation zum begrifflichen Zeichen dafür, dass es nichts Authentisches gibt; im anderen Fall zeigt sich in ihr gerade im Gegenteil das Verlangen nach Authentizität. Im Hip-Hop der 1980er- und frühen 1990er-Jahre fand man einen dritten Modus der Appropriation. Hier ging es darum, mit dem Gebrauch von Zitaten und Samples eine alternative Popkultur-Geschichte zu entwickeln, in der schwarze Traditionen ohne ihre Verfälschung in der weißen Aneignung zur Erscheinung gelangen. Ich habe dies als Praxis einer Gegen-Aneignung, einer »counter appropriation« beschrieben: Künstlerische Subjekte eignen sich wieder an, was ihnen von der offiziellen, weißen Geschichtsschreibung weggenommen wurde – wovon sie enteignet wurden. Auch die »eigene« Kultur erscheint hier also als etwas, das immer wieder von Neuem angeeignet werden muss, weil es den Angehörigen dieser Kultur selber schon fremd geworden ist. Auch »counter appropriation« ist Appropriation.

Dass kulturelle Appropriation in den Debatten unserer Gegenwart vor allem im Modus des Verbots diskutiert wird, spiegelt den Willen zum Widerstand gegen eine als hegemonial empfundene Kultur der ausbeutenden Aneignung der Kultur von Minderheiten. Wer sich dergestalt zum Fürsprecher marginalisierter Gruppen erhebt, begibt sich und drängt diese indes, wie etwa der postkoloniale Theoretiker Homi K. Bhabha zu Recht kritisiert,[42] nicht nur unweigerlich in die Position schwacher Opfer ohne eigene Handlungsfähigkeiten. Sondern appropriiert für »seine« Kultur gerade jenen Zustand der Authentizität, der ihr von den weißen Appropriateuren früherer Generationen in ausbeutender Absicht zugewiesen wurde. Diese Kritik der Appropriation beruht also ihrerseits auf einer Verkennung. Nicht zufällig erfreut sie sich gerade so großer Beliebtheit in einer historischen Phase, in welcher der Austausch, die gegenseitige Durchdringung und Hybridisierung – oder wie Édouard Glissant sagen würde: die Kreolisierung – aller Kulturen globale Ausmaße angenommen hat. Es handelt sich um ein Abwehrgefecht; doch um eines, das in der Abwehr des Anderen die konstitutive Hybridität des Eigenen verkennt.

Es gibt kein Außerhalb der Macht, so hieß es einst bei Michel Foucault.[43] Es gibt kein Außerhalb der Appropriation – so könnte man anschließend daran formulieren; es ist sogar so, dass jede emanzipatorische Form der Kultur notwendig eine diverse, also appropriierende ist. Eine Ethik der Appropriation müsste sich also nicht in der Form des Verbots konstituieren, sondern vielmehr in der Form des Gebots: Appropriiere! Aber tue es richtig! Das heißt: Tue es, indem du appropriierst – und darin zugleich die Machtverhältnisse reflektierst, die sich in der Appropriation spiegeln. Der Kritik fällt dann die Aufgabe zu, misslungene von gelungenen Formen der Appropriation zu unterscheiden – und misslungene von gelungenen Formen der Kritik der Appropriation. Ich habe versucht, Vorschläge für diese Unterscheidung zu machen. Misslungene Formen der Appropriation sind ihr gemäß solche, in denen – vermeintliche – Authentizität oder gar fremde Traumata und Unterdrücktheit konsumiert werden. Misslungene Formen der Kritik der Appropriation sind solche, in denen für eine bestimmte Kultur eine unangreifbare Form der Authentizität beschworen wird – sei es für die »eigene« Kultur, die es gegen den Diebstahl von »anderen« zu verteidigen gilt; sei es für eine »andere« Kultur, deren vermeintliche Authentizität zur Bereicherung des »eigenen« Lebens appropriiert wird.

Gelungene Formen der Appropriation sind hingegen solche, in denen aus unterschiedlichen Einflüssen etwas Neues entsteht – etwas Neues, in dem die Elemente sichtbar und reflektiert bleiben, aus denen ein Kunstwerk, ein kulturelles Motiv, eine Selbstinszenierung zusammengesetzt sind. Gelungene Formen der Kritik der Appropriation sind gerade solche, in denen nicht im bloßen Modus des Verbots operiert wird, sondern in denen man auf ausbeutende Appropriationen mit »counter appropriations« reagiert: mit der Wiederaneignung von enteigneten Motiven und Mustern zum Zweck einer Fortschreibung der »eigenen« Tradition, in der diese aber gleichsam als zusammengesetzte, in sich bewegte, un-authentische kenntlich bleibt.

Nur in dieser kritischen Praxis der Gegenappropriation kann man auch zu einem Verständnis der Machtverhältnisse kommen, die die Kultur und die Kulturen durchziehen. Diese äußern sich nicht nur in Formen der Ausbeutung einer Kultur durch eine andere, sondern vielmehr auch darin, dass jede Art des entfesselten Spiels der Diversität eingehegt wird durch das Ziehen von Grenzen, die einerseits immer wieder neue, scheinhafte Entfesselungen ermöglichen, mit denen sich der Profit an kulturellen Provokationen aufrecht erhalten und steigern lässt – und an denen entlang andererseits unaufhörlich um Anerkennung gekämpft werden soll. *Divide et impera*: In ihrer unreflektierten (Verbots-)Variante ist die Kritik der Appropriation dem hegemonialen Diskurs der neoliberalen Fragmentierung und Entsolidarisierung näher, als sie es sich eingestehen will. Dagegen wäre eine Ethik des Appropriierens zu setzen, die um die Ursprungslosigkeit aller kulturellen und Selbst-Verhältnisse weiß; eine Ethik, die das Fremde im Eigenen freudig umarmt – und der die Solidarität im Diversen wichtiger ist als der Kampf aller gegen alle.

Anmerkungen

1 Franz Kafka, »Wunsch, Indianer zu werden«, in: ders., *Erzählungen*, Frankfurt a. M. 1983, S. 34 f.

2 Susan Scafidi, *Who Owns Culture? Appropriation and Authenticity in American Law*, New Brunswick, NJ 2005, S. 9. [übersetzt von J. B.]

3 Paul Gilroy, *The Black Atlantic. Modernity and Double Consciousness*, London, New York 1993, S. 15.

4 Helen Pluckrose, James Lindsay, *Zynische Theorien. Wie aktivistische Wissenschaft Race, Gender und Identität über alles stellt – und warum das niemandem nützt*, München 2022, S. 259.

5 Ebd., S. 260 f.

6 Greg Tate, »Nigs R Us, or How Blackfolk Became Fetish Objects«, in: ders. (Hg.), *Everything But the Burden. What White People Are Taking From Black Culture*, New York 2003, S. 1–14, hier S. 2 f. [übersetzt von J. B.]

7 Vgl. Carl Hancock Rux, »Eminem. The New White Negro«, in: Greg Tate, *Everything But the Burden. What White People Are Taking From Black Culture*, New York 2003, S. 15–38.

8 Zu Clapton und Presley vgl. ausführlich: Jens Balzer, *Das entfesselte Jahrzehnt. Sound und Geist der 70er*, Berlin 2019, S. 193–198 und S. 347–349.

9 Gilles Deleuze, »Whitman«, in: ders., *Kritik und Klinik*, Frankfurt a. M. 2000, S. 78–84.

10 Ebd., S. 78.

11 Ebd., S. 79.

12 Ebd.

13 Gilroy, *Black Atlantic*, S. 33. [übersetzt von J. B.]

14 Vgl. Nelson George, *The Death of Rhythm and Blues*, London 1988; vgl. auch Achille Mbembe, »Les sources culturelles du nouveau radicalisme noir«, in: *Le Monde diplomatique* 6/1992, S. 16 f., {www.monde-diplomatique.fr/1992/06/MBEMBE/44501}, letzter Zugriff 04.05.2022.

15 Gilroy, *Black Atlantic*, S. 34.

16 Deutsche Ausgabe: Édouard Glissant, *Zersplitterte Welten. Der Diskurs der Antillen*, Heidelberg 1986.

17 Werner Bloch, »Das archipelische Denken. Ein Besuch bei dem Autor Édouard Glissant auf Martinique«, in: *Süddeutsche Zeitung*, 22.10.2007, S. 12.

18 Édouard Glissant, *Kultur und Identität. Ansätze zu einer Poetik der Vielheit*, Heidelberg 2005, S. 39.

19 Gilles Deleuze, Félix Guattari, *Tausend Plateaus. Kapitalismus und Schizophrenie*, Berlin 1992, S. 16 f.

20 Gilroy, *Black Atlantic*, S. 31.

21 Ebd.

22 Bloch, »Das archipelische Denken«, S. 12.

23 Gilroy, *Black Atlantic*, S. 2.

24 Ebd., S. 103.

25 Glissant, *Kultur und Identität*, S. 39.

26 Jacques Derrida, »Die Struktur, das Zeichen und das Spiel im Diskurs der Wissenschaft vom Menschen«, in: ders., *Die Schrift und die Differenz*, Frankfurt a. M. 1972, S. 422–442.

27 Katrin Sieg, *Ethnic Drag. Performing Race, Nation, Sexuality in West Germany*, Ann Arbor 2002. Siehe auch: Katrin Sieg, »Ethnic drag and national identity: Multicultural crises, crossings, and interventions«, in: Sara Friedrichsmeyer, Sara Lennox, Susanne Zantop (Hg.), *The imperialist imagination: German colonialism and its legacy*, Ann Arbor 1998, S. 295–319.

28 Karl May, »Winnetou I«, in: ders., *Karl Mays Werke. Historisch-kritische Ausgabe für die Karl-May-Gedächtnis-Stiftung*, herausgegeben von Hermann Wiedenroth und Hans Wollschläger, Band IV 12, Zürich 1989, S. 101.

29 Karl May, »Weihnacht«, in: ders., *Karl Mays Werke. Historisch-kritische Ausgabe für die Karl-May-Gedächtnis-Stiftung*, herausgegeben von Hermann Wiedenroth und Hans Wollschläger, Band IV 21, Zürich 1989, S. 238.

30 Arno Schmidt, *Sitara und der Weg dorthin. Eine Studie über Wesen, Werk & Wirkung Karl Mays*, Frankfurt a. M. 1969, S. 25–34, insb. S. 29 f.

31 Johanna Bossinade, »Das zweite Geschlecht des Roten. Zur Inszenierung von Androgynität in der ›Winnetou‹-Trilogie Karl Mays«, in: *Jahrbuch der Karl-May-Gesellschaft* 1986, S. 241–267.

32 Vgl. hierzu ausführlich: Kaja Silverman, »A Woman's Soul Enclosed in a Man's Body. Femininity in Male Homosexuality«, in: dies., *Male Subjectivity at the Margins*, New York, London 1992, S. 339–388.

33 Judith Butler, »Gender Is Burning. Fragen der Aneignung und Subversion«, in: dies., *Körper*

von Gewicht. Die diskursiven Grenzen des Geschlechts, Frankfurt a. M. 1997, S. 171–198, hier S. 177.

34 Ebd., S. 178.

35 Ebd.

36 Ebd., S. 181 f.

37 Bloch, »Das archipelische Denken«, S. 12.

38 Judith Butler, »Variationen zum Thema Sex und Geschlecht«, in: Gertrud Nunner-Winkler (Hg.), *Weibliche Moral. Die Kontroverse um eine geschlechtsspezifische Ethik*, Frankfurt a. M., New York 1991, S. 56–75, hier S. 75.

39 Einschlägig formuliert zuletzt in zwei Büchern: Lauren Michele Jackson, *White Negroes. When Cornrows Were in Vogue … and Other Thoughts on Cultural Appropriation*, Boston 2019; und Paisley Rekdal, *Appropriate. A Provocation*, New York 2021.

40 Zu den popkulturellen Inspirationen von Judith Butler vgl. den instruktiven Text von Hannah Engelmeier, »Appropriation und Begehren«, in: *Merkur. Zeitschrift für europäisches Denken* 852 (Mai 2020), {www.merkur-zeitschrift.de/2020/05/04/appropriation-und-begehren-popkolumne}, letzter Zugriff 03.02.2022.

41 Wie sich das in die Geschichte des linken Antisemitismus in Deutschland einfügt, habe ich dargelegt in: Jens Balzer, *High Energy. Die Achtziger – das pulsierende Jahrzehnt*, Berlin 2021, S. 37–42.

42 Vgl. Salome Asega, Homi K. Bhabha, Gregg Bordowitz, Joan Kee, Michelle Kuo, Ajay Kurian,

Jacolby Satterwhite, »Cultural Appropriation. A Roundtable«, in: *Artforum* 55/10 (2017), {www.artforum.com/print/201706/cultural-appropriation-a-roundtable-68677}, letzter Zugriff 03.02.2022.

43 Michel Foucault, *Dispositive der Macht. Über Sexualität, Wissen und Wahrheit*, Berlin 1978, S. 210.

Fünfte Auflage Berlin 2024

MSB Matthes & Seitz Berlin
Verlagsgesellschaft mbH
Göhrener Str. 7 | 10437 Berlin
info@matthes-seitz-berlin.de

Satz: Monika Grucza-Nápoles, Berlin
Druck und Bindung: Art-Druk, Szczecin
Umschlaggestaltung nach einer Idee
von Pierre Faucheux
ISBN 978-3-7518-0535-3
www.matthes-seitz-berlin.de